평범한 사람이 월 1000만 원 소득을 만드는

네트워크 마케팅
성공 바이블

평범한 사람이 월 1000만 원 소득을 만드는

네트워크 마케팅
성공 바이블

초판 1쇄 발행 2019년 1월 25일
초판 3쇄 발행 2020년 11월 27일

지은이 | 김유신
펴낸이 | 박수길
펴낸곳 | (주)도서출판 미래지식
편 집 | 김아롬
디자인 | 플러스

주 소 | 경기도 고양시 덕양구 통일로 140 삼송테크노밸리 A동 3층 333호
전 화 | 02-389-0152
팩 스 | 02-389-0156
홈페이지 | www.miraejisig.co.kr
전자우편 | miraejisig@naver.com
등록번호 | 제 2018-000205호

ISBN | 979-11-90107-25-9 03320

이 도서의 국립중앙도서관 출판예정도서목록(CIP)은 서지정보유통지원시스템 홈페이지(http://seoji.nl.go.kr)와
국가자료공동목록시스템(http://www.nl.go.kr/kolisnet)에서 이용하실 수 있습니다.
(CIP제어번호: CIP2019033618)

미래지식은 좋은 원고와 책에 관한 빛나는 아이디어를 기다립니다.
이메일(miraejisig@naver.com)로 간단한 개요와 연락처 등을 보내주시면
정성으로 고견을 참고하겠습니다. 많은 응모 바랍니다.

평범한 사람이 월 1000만 원 소득을 만드는

네트워크
마케팅
성공바이블

김유신 지음

미래지식

왕초보 네트워커에서
다이아몬드로 승급하기까지

Network Marketing

네트워크 마케팅 사업에 처음 눈뜬 날이 기억난다. 대기업 최연소 대표이사 출신의 전 직장 상사가 네트워크 마케팅 회사를 창업하겠다며, 나에게 사업을 시작해보면 어떻겠느냐고 제안을 했다. 마케팅과 영업에서의 경험, 사업체 운영 경험, 교육 회사에서 14년간 경험을 쌓은 내가 네트워크 마케팅 업계에서 성공할 수 있는 최상의 조건을 갖추었다는 게 그 이유였다. 그 제안을 받고 처음 드는 생각은 '왜 저렇게 성공한 사람이 불법 피라미드 사업을 하자고 하지?'였다. 이후 장시간에 걸쳐 창업 배경과 네트워크 마케팅 사업의 비전을 들은 후, 머리가 몽롱해질 정도의 충격을 받았다.

'이렇게 멋진 비즈니스가 존재하다니!'

이후 몇 개월간의 공부와 준비 끝에 기대 반, 걱정 반으로 네트워크 마케팅 업계에 발을 디디게 되었다. 이 책은 네트워크 마케팅에 대해서 전혀 모르던 필자가 왕초보 상태로 사업을 시작하고 다양한 시행착오를 겪으면서 6개월 반 만에 다이아몬드까지 승급하는 자전적 이야기를 다루고 있다.

이 책이 탄생하게 된 배경은 바로 1년 전 시작했던 유튜브 〈왕초보 네트워커를 위한 성공 가이드 채널 - 유신TV〉 덕분이다. 사업 초반에 산하 파트너분들의 연령대가 높았는데, 사업과 보상 플랜에 대해서 몇 번을 알려드려도 잘 이해하지 못하셨다. 그 모습을 보며 교육업계 14년차 노하우를 살려 동영상을 제작했고, 이를 유튜브에 올린 것이 바로 〈유신TV〉의 시작이었다.

회사 소개, 보상 플랜, 제품 소개 콘텐츠를 시작으로 네트워크 마케팅 사업과 관련된 나만의 시행착오 경험담까지 30여 개의 콘텐츠가 올라갈 무렵 한 통의 카톡을 받으면서 〈유신TV〉의 전체 방향은 완전히 바뀌었다. 타사의 중간 직급자 분이 '자신도 초보 네트워커였는데, 〈유신TV〉를 보고 많은 도움을 받았다'는 내용의 메시지였다.

'내 콘텐츠가 산하 파트너뿐만 아니라 우리 회사, 나아가서는 타사분들에게도 도움이 되는구나!'를 깨닫고 나서부터 콘텐츠의 방향을 네트워크 마케팅 전체 범위로 확장했다. 그리고 왕초보 네트워커들이 쉽게 사업을 할 수 있는 방법론을 이해하기 쉬운 콘텐츠로 만들어 꾸준히 올리기 시작했다. 그때 탄생한 콘텐츠가 바로 매일 아침 8시 30

분에 시작하는 '5분 원포인트 레슨 조회'였다.

상당수의 네트워커들이 쳇바퀴 도는 삶을 살고 있다. 매일 아침 '오늘 뭘 하지?'라는 방황으로 시작해 목적성 없이 스폰서와 파트너를 만나 커피와 잡담으로 하루를 마감한다. 이들에게 하루를 살아갈 수 있는 에너지와 사업적 방향성을 제시할 수 있는 콘텐츠가 절실하다는 생각이 들었다. 그래서 매일 아침 8시 30분에 센터 또는 카톡으로 출근해서 '원포인트 레슨'을 시작했다. 이 방송을 통해 네트워커들이 더욱 발전하는 삶을 사는 데 조금이라도 이바지하겠다는 생각이었다.

'원포인트 레슨 조회'는 현재 시점에 150강좌가 되었다. 누적 조회 수는 25만 명, 구독자 수는 2천 명을 넘었다. 물론 유명 유튜버에 비하면 비루한 숫자이지만, 네트워크 마케팅 카테고리에서는 가장 높은 조회 수를 자랑하는 No.1 채널이 되었다.

〈유신TV〉를 시청하신 많은 분이 하루에 적게는 몇 통, 많게는 몇십 통씩 격려 전화와 카톡을 보내주고 있다. 격려 메시지를 보면서 내가 대한민국 네트워크 마케팅 산업 발전에 조금이나마 도움을 주고 있다는 보람과 함께, 현재 나의 사명인 '월 500만 원의 꾸준한 소득을 내는 왕초보 네트워커 1만 명 양성 프로젝트'를 꼭 이루어내겠다는 결심을 다잡고 있다.

이 책은 〈유신TV〉의 콘텐츠를 바탕으로 김의심 부장과 김유신 사장이라는 두 명의 주인공이 이야기를 이끌어나가는 스토리텔링 방식으로 구성했다.

사실 김의심 부장은 처음 사업을 시작했던 필자의 모습, 김유신 사장은 1년 6개월이라는 시간을 알차게 보내며 다이아몬드까지 승급한 필자의 모습을 대변한다. 현재의 필자가 과거의 필자에게 노하우를 공유하는 방법을 통해 현장감 있게 이야기를 전달하고자 애썼다. 이 책에 등장하는 모든 인물은 실존 인물을 바탕으로 구성했다.

　　항상 사업에 많은 도움을 주신 스폰서님들, 항상 지지해주고 응원해주는 산하 파트너 사장님들, 〈유신TV〉를 통해서 도움을 받았다고 매일 응원의 메시지를 보내주시는 〈유신TV〉 구독자 여러분께 진심으로 감사드린다. 마지막으로 세상 누구보다도 나에게 사랑과 응원을 보내주는 사랑하는 아내 예린이와 바쁘다는 핑계로 많은 시간을 보내주지 못하는 아빠를 '세상 누구보다 최고!'라고 이야기해주는 아들 재민이에게 이 책을 바친다.

지은이 김유신

등장인물 Network Marketing

김의심

48세 남성, 직장생활 15년 차, 잘나가던 대기업 과장 출신, 중소기업으로 와서 부장 자리로 옮겼으나 지금은 명퇴 대상자이며, 의심이 많은 성격이다.

김유신

48세 남성, 전직 교육 회사 사장, 네트워커 입문 6개월 만에 다이아몬드를 달성한 〈유신TV〉 운영자이다.

주주부

38세 여성, 주부, 불어나는 몸무게로 고민만 하며 세상만사 포기한 동남아(동네에 남아도는 아줌마)였으나 사업 시작 후 완전히 탈바꿈했음. 비포 vs 애프터의 산증인이다. 현재 다이아몬드 직급자이다.

백직설

40세, 전 수입차 영업왕 출신으로 아주 직설적인 성격이다. 현재 다이아몬드 직급자이다.

그 밖의 등장인물

한직장 : 52세, IT회사에서 25년 근무, 네트워크 마케팅 사업이 네 번째이며, 현재 에메랄드 사업자이다.

최커피 : 40세, 광화문 커피숍 사장으로 전직 디자이너 출신이다, 미모가 뛰어나고 똑 부러지는 성격이다.

김치과 : 치과 의사, 완벽한 미래를 대비하고자 네트워크 마케팅 사업에 입문했으며, 현재 부부가 공동 사업자이다.

프롤로그

앞으로 어떻게 먹고 살지?

직장생활만 15년 차, 월급쟁이라는 한길만을 걸어온 나 김의심에게 명예퇴직의 압박이 찾아왔다. 나에게는 결코 생기지 않을 것 같았던 일이 정말 아무렇지 않게 일어난 것이다. 그렇게 벼랑 끝에서 네트워크 마케팅 사업을 만났다.

열심히 공부한 덕분에 원하는 학과는 아니지만, 서울에 있는 좋은 대학교에 입학했고 졸업 후 무사히 대기업 입사 관문을 통과했다. 특출나지는 않았지만, 그런대로 승진했고 과장 4년 차에는 중견 기업으로부터 스카우트 제의를 받고 부장으로 이직한 지 이제 막 5년 차이다. 매달 들어오는, 남부럽지 않은 월급에 만족했고 월차와 연차를 꼬박꼬박 챙겨가며 평범한 직장생활을 해왔다.

그러던 어느 날, 정년퇴직이 보장될 줄 알았던 직장에서 명퇴자 1차 대상자 명단에 내가 속해 있다는 이야기를 들었다. 갑자기 눈앞이 막막해졌다. 그때부터 편안하기 이를 데 없었던 내 삶은 거센 파도를 만난 돛단배처럼 요동치기 시작했다. 아직 어린 아들과 아내를 이제 어떻게 먹여 살려야 하나!

40대 후반에 직장도 없이
거리로 내 몰리다니!

얼마 전 명예퇴직을 당한 직장동료가 치킨집을 창업했다. 그러나 6개월 만에 폴딱 망하고 개인회생 절차를 밟고 있다는 말을 들었다. 그 친구의 이야기가 더는 남의 이야기가 아니게 되었다.

특별한 기술도 없고, 모아 놓은 자금도 없으니 은퇴 후에는 퇴직금으로 작은 커피숍이나 하나 운영하자고 막연하게 생각했던 나였다. 그런 나에게는 지금의 상황은 청천벽력이다.

매일 썼던 1만 원짜리 지폐가 이렇게 무거웠었나? 단돈 천 원을 쓰는 것에도 예민해지기 시작했다. 그동안 꼬박꼬박 들어오는 월급에 안주하며 미래를 전혀 준비하지 않았던 자신이 원망스럽고 한심스러웠다.

그러던 중에 나는 지금까지 단 한 번도 생각해보지 않았던 네트워크 마케팅 사업을 만나게 되었다. 바로 '다단계 사업'을 말이다.

평범한 직장인이었던 내가 어떻게 월 1,000만 원의 소득을 거두는 네트워커가 되었을까?

그 이야기를 이제 시작해보려 한다.

차례  Network Marketing

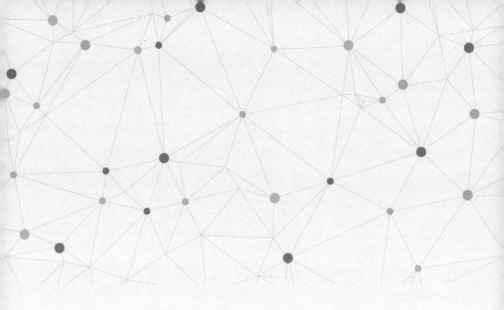

제2장
왕초보 네트워커를 위한 성공적인 첫걸음

제3장
다이아몬드까지 달리기 전에
신발 끈을 조이자

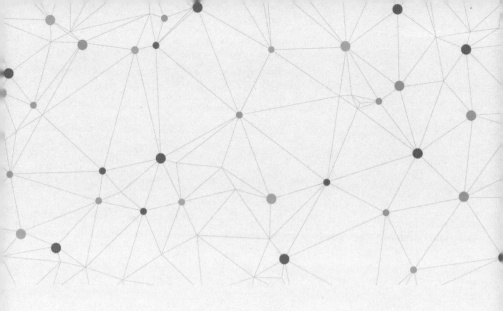

제4장
본격적으로 파트너를 만들고 복제하자

나만의 핵심 인재 영입하기_ 157

시스템을 통해 파트너 복제하기 _ 190

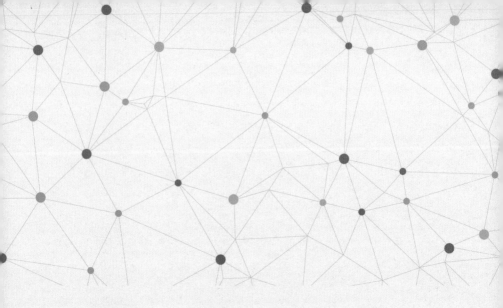

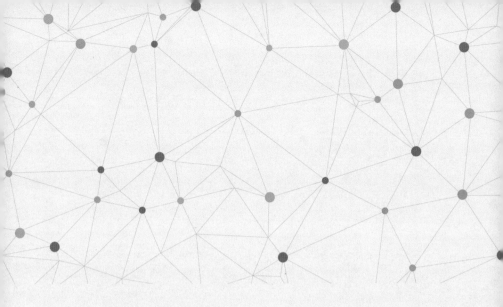

제6장
모든 네트워커의 꿈 '다이아몬드'

— 제1장 —

편견을 접고
바라본
네트워크 마케팅

NETWORK MARKETING

Network Marketing

네트워크 마케팅에 대한
거대한 편견

똑똑한 최 사장이 왜 불법 피라미드를 하지?

"최 사장님, 굿모닝입니다."

"김 부장님 오셨어요, 언제나처럼 아이스 아메리카노 투 샷이죠?"

회사 바로 옆에 있는 '인생 커피' 커피숍은 커피값도 저렴하고 광화문에서 미모로 소문난 최 사장이 운영하는 가게다. 출근할 때마다 아름다운 그녀를 보면서 커피를 마시는 것은 소소한 기쁨 중 하나였다.

"김 부장님, 요즘에 무슨 걱정 있으세요? 평소답지 않게 낯빛이 안좋아요."

"아, 아닙니다. 잠을 잘 못 자서 그래요. 그래도 걱정해주는 건 최 사장님밖에 없네요. 고마워요."

평소에도 많은 이야기를 나누는 단골이라서 그런지 내 표정에서 나오는 걱정을 읽고 이야기한 것이다. 순간을 모면하고 싶어 둘러대던 차에 커피숍 한쪽 벽면에 얼마 전까지 보지 못했던 화장품들이 진열되어 있는 게 보였다.

"최 사장님. 저건 못 보던 건데, 커피숍에 웬 화장품이 진열되어 있어요?"

"아, 그거요? 얼마 전부터 부업으로 시작한 사업이에요. 커피숍에 여성들이 많이 오시니까 진열해 놓았어요."

"부업이요? 이렇게 장사가 잘되는데, 무슨 부업을 또 해요? 하여간 최 사장님 욕심이 너무 많은 것 아닙니까?"

최 사장 가게는 항상 손님이 많았다. 장사가 이렇게 잘되는데 부업을 하고 있다는 말이 월급쟁이인 나로서는 이해가 되지 않았다.

"김 부장님이 모르셔서 하는 이야기예요. 커피숍도 경쟁이 심해요. 이 동네에만 여섯 개예요. 요즘은 경기도 안 좋아서 그런지 점점 손님도 줄어요."

"그렇다고 부업을 해요? 시간이 어디 있어서요? 여기도 이렇게 바쁜데……."

"마음만 먹으면 언제든지 낼 수 있는 것이 시간이지요. 저도 안정적으로 돈을 벌고 싶어요. 곧 나이들 텐데 그때까지 커피숍에서 일하고 싶지는 않아요."

은퇴하면 커피숍을 차려서 노년을 보내겠다는 막연한 생각을 한 것도 최 사장의 가게를 보고 얻은 아이디어였다. 나에게는 롤 모델이었던 그녀가 사업을 접고 싶다는 이야기를 하는 이 상황을 받아들이기 힘들었다.

"저 어떤 부업을 시작하셨어요?"

"아, 네트워크 마케팅 사업이에요. 아시는 분 권유로 얼마 전부터 시작했어요."

"네? 네트워크 마케팅이라면, 그거 피라미드잖아요. 불법이고 사람들을 속이고 돈 먹고 튀어 버리는 사업 아니에요? 아니, 최 사장같이 똑똑한 사람이 왜 그렇게 위험한 사업을 해요?"

최 사장이 말한 부업이 피라미드라는 말에 말문이 막혔다. 내가 아는 피라미드는 이병헌 주연의 〈마스터〉라는 영화에 나오는 사기꾼들이나 하는 사업이었다.

1년 전 대학 친구이자 회사 동기 중 하나인 유신이가 찾아와서 피라미드를 같이 하자고 제안했던 적이 있었다. 잘 다니던 회사를 그만두고 나쁜 일을 시작한 그가 정말 이해되지 않았다. 일을 그만두지 않으면 다시는 보지 않겠다고 으름장까지 놓았지만, 결국 그 친구는 내 진심 어린 충고는 듣지 않고 피라미드에 빠져 있다고 전해들었다. 지금은 카톡도 수신 차단한 상태이다.

그런 불법 피라미드를 멋진 커피숍을 가지고 있는 최 사장이 한다는 것이 도저히 이해되지 않았다.

"호호호, 저도 얼마 전까지 김 부장님과 똑같이 생각했으니 무리도 아니지요. 하지만 네트워크 마케팅 사업과 불법 피라미드는 엄연히 차이가 있어요. 지금은 가게가 바쁘니까 퇴근하고 시간 되시면 잠시 들르세요. 제가 자세히 설명해 드릴게요."

"아닙니다. 저는 최 사장이 걱정되어서 이야기하는 겁니다. 피라미드는 전혀 관심 없으니까 이야기를 들을 필요는 없을 것 같습니다. 하여간 아끼는 마음에서 말씀드리지만, 그만 정신 차리고 커피숍에만 집중하세요."

얼굴에 열이 올라온 것이 느껴져 큰 소리로 말하고 커피숍을 나와 버렸다. 회사에 도착해서도 분노, 실망, 걱정, 민망 등의 복잡한 감정이 뒤섞여 업무에 집중하지 못했다. 점심시간이 되자, 최 사장을 불법 피라미드의 늪에서 구해내야 한다는 의무감 같은 것이 생겼다. 그래서 기사를 검색하고 관련된 자료를 만들기 시작했다. 10분 만에 후딱 만든 자료를 인쇄하고서는 성에 붙잡힌 공주를 구출하는 왕자님인 양 퇴근 시간을 기다렸다.

네트워크 마케팅 사업은 왜 인식이 안 좋을까?

대한민국은 '불법 피라미드의 왕국'이라 불릴 만큼 많은 사건 사고가 있었다. 그중 대표적인 사건이 1992년 주수도 회장이 설립한 제이유 네트워크 사건과 영화 〈마스터〉의 모티브가 되었던 조희팔 사건이다. 제이유 네트워크는 옥 장판 같은 제이유 그룹 물건을 사면 수당을 250%까지 풀어준다는 수법으로 9만 명에게 2조 원의 피해를 줬다. 이후 조희팔은 의료용품 피라미드 회사를 통해 3만 명에게 4조 원을 가로챈 전무후무한 사기 행각을 벌였다.

현재도 우리나라에는 불법 피라미드 업체 3,000여 개가 성업 중이며, 아이템은 여행, 광고, 코인, 심지어 돼지까지 다루고 있다. 정부에서는 강력한 법령을 제정하고 그에 부합하는 140여 개 회사만을 '합법 네트워크 마케팅 회사'로 인정하여 활동을 허가했다.

이들 140여 개 기업이 2017년도 한 해 동안 대한민국에서만 6조 원의 매출을 올렸으며, 우리나라는 전 세계 3위 '네트워크 마케팅 선진국'으로 성장한다. 하지만 불법 피라미드 때문에 미래의 산업으로 불리는 네트워크 마케팅 사업에 대한 우리 국민의 인식은 아직 개선되지 못했다. 그렇지만 이러한 부정적 인식은 '오래 가지 않을 것'이다. 불과 5년 전만 해도 보험업에 종사하는 분을 '보험 아줌마', '보험꾼'으로 칭하며, 직업 이미지를 낮게 보았었다. 하지만 최근에는 'FC', '컨설턴트' 등으로 부르며 전문직으로 여겨 점차 인식이 바뀌고 있다.

경제가 어려워지면서 일자리가 줄고 있는 요즘 네트워크 마케팅 사업을 통해 많은 사람이 안정적인 수익을 창출하게 된다면, 머지않아 네트워크 마케팅 종사자도 '부업 컨설턴트', '무점포 창업 전문가' 등 전문 직업인으로 불리게 될 날이 올 것이다.

네트워크 마케팅 사업과 불법 피라미드는 다르다고?

"최 사장님, 저 왔습니다."

퇴근 후 최 사장의 가게로 바로 갔다. 점심시간과는 달리 커피숍은 많이 한산했다.

"김 부장님, 안 오신다면서 오셨네요. 오신 기념으로 저녁 커피는 제가 살게요."

"예, 최 사장님을 불법 피라미드의 늪에서 빼내야 한다는 생각 때문에 온종일 일도 못했습니다. 일단 빨리 앉아 보세요."

점심시간 때 만들어 인쇄한 자료를 최 사장에게 보여주면서 으쓱한 기분이 들었다. 최 사장은 무슨 자료인가 보더니 박장대소를 하며 이야기했다.

"김 부장님도 참! 부장님, 혹시 암웨이라는 기업을 들어보셨어요?"

"당연히 들어봤죠. 기업 광고도 하잖아요. 뉴트리라이프 광고도 본 적 있고. 그런데 그건 왜요?"

"암웨이도 네트워크 마케팅 기업이에요. 알고 계시지요?"

"암웨이가 피라미드라고요? 그런데 불법 회사가 어떻게 TV 광고도 하고 그러지요?"

나는 최 사장이 뭔가 단단히 잘못 알고 있는 듯해서 의기양양하게 대답했다.

"부장님이 TV에서 보신 암웨이뿐만 아니라 애터미, 뉴스킨, 허벌라이프, 유니시티 등 대한민국에는 140여 개의 합법 네트워크 마케팅 회사가 성업 중에 있어요."

"애터미도 들어봤어요. 집사람이 집에서 건강기능식품이라며 '해모수'인가 뭔가 그거 먹던데. 그 회사도 피라미드였어요? 절대 먹지 말라고 해야겠네. 속았네, 속았어!"

"'헤모힘'일 거예요. 애터미는 국내에서 만들어진 네트워크 마케팅 회사인데, 한 해 매출만 9,100억 원이 넘는 큰 기업이지요. 이 회사들은 정부에서 허가한 합법 네트워크 마케팅 회사이기 때문에 영업할수 있어요. 아울러 김 부장님이 이야기하고 있는 불법 피라미드와 네트워크 마케팅 사업은 엄연히 다릅니다. 대한민국에서는 이들 불법 피라미드와 네트워크 마케팅 회사가 다단계 마케팅 기법을 쓰고 있기때문에 같은 사업이라고 많이 착각하는데, 두 사업 간에는 확연한 차이가 있어요."

네트워크 마케팅 사업의 진짜 정체

보통 네트워크 마케팅 사업의 일반적인 정의는 다음과 같다.

'기존의 중간 유통 단계를 배제하여 유통 마진을 줄이고, 관리비, 광고비, 샘플비 등 모든 비용을 없애 회사는 싼값으로 소비자에게 직접 제품을 공급하고, 회사 수익의 일부분을 소비자에게 환원하는 시스템이다.'

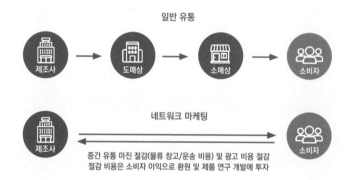

약 80년 전에 한 논문을 통해서 정립된 네트워크 마케팅에 대한 이론으로 세월이 지난 지금 많은 부분 변경이 필요하다.

첫째, 네트워크 마케팅 회사들이 최근에 광고를 시작했다. 암웨이는 뉴트리라이프와 함께 기업 광고를 TV와 라디오를 통해 진행하며, 신생 회사인 쏠렉은 배우 김효진을 모델로 주디스리버 화장품을 홍보한다. TV 광고는 물론 드라마 PPL까지 진행한다.

둘째, 제품이 절대 싸지 않다. 애터미처럼 가성비를 중시하는 회사는 시중 제품보다 저렴한 경우도 많지만, 많은 네트워크 마케팅 회사 제품 가격은 높은 편이다. 물론 시중 제품보다 훨씬 좋은 원료를 넣는다. 또한, 시중 제품의 원가 비율이 1~5%인데 반해 네트워크 마케팅 회사의 제품은 원가 비율이 10~30%로 매우 높은 편이다. 그래서 시중 제품의 가격과 비교할 수는 없지만, 그래도 비싸 보이는 것은 사실이다. 결국, 전통적인 방식의 네트워크 마케팅 정의는 보완이 필요하다.

이에 네트워크 마케팅 사업을 '무점포 프랜차이즈 사업'이라고 정의해 본다. 일단 네트워크 마케팅 사업은 점포가 없다. 자신이 하나의 점포이다. 나라는 점포가 하나 개설되고, 영업 행위를 통해 소비자에게 회사의 제품을 판매할 수 있다. 즉, 창업을 시작한 순간 판매 사업이 시작된다.

기존 프랜차이즈와 다른 점은 단 하나다. 바로 자신이 프랜차이즈 본사처럼 점포를 늘려갈 수 있다는 것이다. 그리고 이 점포들도 각자 점포를 늘려갈 수 있다. 그리고 이들이 만들어준 매출은 모두 나에게 공유된다. 처음에는 판매 사업인 것 같은데, 프랜차이즈 개설 사업으로 확대되고, 이후 나만의 유통회사가 만들어지며 성장한다.

	프랜차이즈	네트워크 마케팅
점포 형태	점포	무점포
점포 개설 주체	회사	사업자
조직 구조		

내 산하로 점포 수천, 수만 개가 쌓이고, 이들이 만들어주는 매출을 공유받게 되는 것, 이것이 바로 네트워크 마케팅 사업이다.

암웨이도 네트워크 마케팅 회사이고, 집에서 아내가 먹고 있는 건강기능식품도 네트워크 마케팅 회사의 것이라는 최 사장의 이야기를 들어보니 네트워크 마케팅 사업이 불법 피라미드라고 믿고 있던 내 머릿속은 혼란이 생기기 시작했다. 불법인 회사가 버젓이 광고를 하고 똑소리 나는 아내가 불법 회사의 물건을 구매해서 건강에 좋다고 먹을 리는 없기 때문이었다.

"그러면 네트워크 마케팅 사업과 불법 피라미드는 무엇이 다른 거죠? 아까 정부가 허가해준 기업이라고 하는 것 같은데요."

"맞아요, 공정거래위원회 산하에는 직접판매 공제조합과 특수판매 공제조합이라는 두 개의 보험회사가 존재해요. 이들 조합에 가입된 회사만이 합법 네트워크 마케팅 회사이지요."

One Point Lesson 03
합법과 불법 회사를 나누는 보험사 가입 여부

불법 피라미드 회사로 인해 많은 사람들이 피해를 입자 정부에서는 '다단계법'을 제정하고 합법과 불법의 경계를 명확히 했다. 대한민국에서 다단계 마케팅 방식으로 사업을 하려는 기업은 공정거래위원회 산하의 '직접판매 공제조합'과 '특수판매 공제조합'에서 허가를 받아야 합법 네트워크 마케팅 회사로서 인가받을 수 있다.

이 두 조합은 네트워크 마케팅 회사가 영업 중 갑자기 도산하거나 누군가에게 피해를 줄 경우 보상해주는 일종의 보험기관이다. 이들 조합 가입은 허가제이며, 가입 조건 또한 매우 까다롭다.

대표적인 조건으로 네 가지 규정이 있다.

　1) 수당율 35% 규정

매출의 35%까지만 사업자 수당으로 제공할 수 있다.

　2) 유형의 물품 규정

　금융, 코인, 여행, 보험과 같은 무형의 물품으로는 네트워크 마케팅 회사 설립이 불가능하다.

　3) 단일 물품 160만 원 이하 규정

　개당 물품가가 160만 원을 넘어가는 물품을 판매할 수 없다. 미국에서는 비행기, 부동산, 자동차의 네트워크 마케팅 사업 진출이 가능하지만, 대한민국에서는 160만 원이 넘어가기 때문에 불법이다.

　4) 자본금 최소 5억 이상 규정

　회사의 갑작스러운 도산을 막기 위해 회사 설립 자본금을 최소 5억 원으로 규정한다.

　가입 허가가 떨어진 이후에도 조건을 만족시키지 못하면, 경고를 거쳐 영업 정지, 폐업까지 명령할 수 있다. 이들 조합에 가입하지 못한 회사는 모두 유사 수신 행위로 간주하며, 대한민국 10대 강력범죄로 인정받아 형사 구속될 수 있다.

고달픈 커피숍 사장의 삶

최 사장과 두 시간 가까이 이야기를 하고 집에 돌아오면서 솔직히 내가 지금까지 가지고 있었던 '네트워크 마케팅 = 불법 피라미드, 나쁜 사업, 사기꾼이나 하는 사업, 절대 발을 들이면 안 되는 사업'이라는 공식에 혼란이 생기기 시작했다. 그래서 집에 돌아오자마자 아내에게 물었다.

"여보, 당신 지금 먹고 있는 헤모힘이 피라미드 업체 제품인 줄 알고 있어?"

"피라미드? 피라미드는 아니고 네트워크 마케팅 회사겠지! 둘은 엄연히 달라. 재민이 엄마가 먹고 좋다고 해서 샀지. 요즘 네트워크 마케팅 회사의 제품들이 좋더라고. 싸고 효과도 좋고. 그런데 갑자기 그건 왜 물어?"

집에 들어오자마자 옷도 벗지 않고 갑작스럽게 질문하니 아내는 의아한 표정으로 대답했다.

"아, 아니. 주위에서도 많이 먹어?"

"응, 그래서 나도 믿고 주문한 거야. 알잖아, 나 까다로운 거."

"지나치게 잘 알지."

"뭐라고? 오늘 진짜 슈퍼 까다로워져 볼까?"

"아니, 살려줘. 내가 잘못했어."

아내와 아이가 잠들고 난 후, 최 사장의 이야기가 사실인지 살펴보기 위해 광속 검색을 시작했다. 확실히 합법 네트워크 마케팅 회사가 140여 개 정도 존재하고, 이들 기업이 연간 6조 원 정도의 매출을 올리고 있었다. 나를 더욱 놀라게 만든 것은 네트워크 마케팅에 대한 인식이 이렇게 좋지 않은 데도 전 세계 3위의 시장을 가지고 있는 나라가 대한민국이라는 사실이었다.

그러고 보니 회사 직원들이 쓰는 건강기능식품이나 치약, 칫솔, 화장품 중에 상당수가 이들 네트워크 마케팅 회사의 제품이었다. 내 주위의 수많은 사람이 나도 모르는 사이에 네트워크 마케팅 회사의 제품을 쓰고 있다는 사실이 놀라울 따름이었다. 네트워크 마케팅 사업이 불법은 아니라는 것이 확실해졌지만, 그런데도 풀리지 않는 의문이 있었다.

'최 사장은 그렇게 잘 되는 커피숍을 하면서 왜 부업으로 네트워크 마케팅 사업을 시작했을까? 내일 꼭 물어봐야겠다.'

다음 날 아침, 최 사장 커피숍에 들러 저녁에 다시 오겠다고 약속을 하고 회사로 출근했다. 회사 임원 미팅이 좀 늦게 끝나 8시에 커피숍에 도착할 수 있었다. 커피숍은 한산했고, 최 사장 혼자 자리를 지키고 있었다.

"최 사장님, 저 왔어요. 늦어서 미안해요. 임원 회의 때문에 말이지요. 오늘은 손님이 없네요?"

"오셨어요? 8시 넘어가면 손님이 거의 없어요. 그래서 문을 일찍 닫아요."

"아, 그렇군요. 점심때처럼 사람이 많으면 돈을 훨씬 많이 벌 텐데, 아쉽네요. 그래도 점심때 워낙 많이 버니까 좋잖아요. 저는 최 사장님이 제일 부럽습니다. 이렇게 번듯한 사업장 사장님이니까요."

"김 부장님이 모르셔서 그래요. 저도 많이 힘들어요. 아침, 점심 장사만으로는 겨우 입에 풀칠하는 수준이에요. 요즘은 최저 임금도 오르다 보니 알바생들 월급 주는 것도 정말 빠듯해요. 제가 부업을 시작한 이유도 이 때문이랍니다."

광화문에서 꽤 소문난 커피숍을 운영하는 최 사장의 입에서 '풀칠하는 수준'이라는 이야기를 듣고 깜짝 놀라 물었다.

"이해가 안 가요. 자기 사업장이 있고, 손님도 많고, 사장인데 왜 돈이 안 벌린다는 건지 말이에요."

"김 부장님, 부장님은 직장 생활만 오래 하셨지요? 저도 디자이너 생활만 9년 했잖아요. 예전에 회사 다닐 때는 자영업 하는 분들이 정말 부러웠어요. 자기 가게도 있고, 내가 열심히 일하면 돈도 더 벌 수 있겠다 싶었지요. 특히, 커피숍 사장님들이 굉장히 멋져 보였어요. 그래서 직장 다니면서 바리스타 학원에 다니고, 결국 9년간 모은 돈으로 이 사업을 시작했어요."

"커피숍 차리는 데 돈이 많이 들었죠?"

"그럼요. 아무리 작은 가게이지만 광화문이다 보니 권리금에 시설비, 보증금 등 2억 가까운 돈을 빚내서 투자했어요. 처음에 창업했을 때는 괜찮았어요. 주위에 커피숍도 별로 없었지요. 처음 두 달은 정신 없이 돌아갔어요. 돈도 잘 벌리고 행복했어요. 그러던 와중에 바로 옆에 대형 프랜차이즈가 들어오고, 매출이 반으로 줄었어요. 그 후 옆 건물에 저희랑 비슷한 저가형 커피숍이 생기고, 불과 100미터 거리

안에 커피숍이 6개나 생긴 거죠. 게다가 인건비는 계속 올라가요. 그러다 보니 일요일만 쉬고, 한 달 내내 일해도 요즘은 300만 원 가져가는 것도 힘들어요."

이렇게 잘 되는 커피숍의 소득이 겨우 300만 원이라는 이야기에 깜짝 놀라 물었다.

"300만 원이요? 창업하면 천만 원은 무조건 버는 줄 알았어요!"

"우리 김 부장님, 요즘 기사 안 보세요? 얼마 전에도 기사가 크게 났죠. '만만하게 봤다 망했다. 5년 내 죄다 폐업, 식당 사장의 절규'라는 기사 한번 찾아보세요. 자영업자 중 5년 이내에 폐업률이 87%라고 합니다. 저는 창업한 지 5년은 지났으니 그 나머지 13% 안에는 들었네요. 이걸 자랑스러워해야 하나?"

One Point Lesson 04

자영업자의 무덤, 대한민국

 프랜차이즈 창업 박람회에 가 보면 발 디딜 틈이 없다. 많은 사람이 자영업을 열망하고 있고, 자영업을 통해서 부자가 되고 싶어 안달이다. 이러한 예비 창업자의 욕망을 자극하고 '1억 5천만 들여 창업하면 한 달에 1,000만 원은 가져간다'라며 홍보하는 프랜차이즈 업체 때문에 대한민국 가계가 병 들어가고 있다.

2016년 정부 통계에 따르면 커피숍 창업비가 평균 1억에서 4.5억, 편의점 창업비가 평균 7천에서 1.5억 수준인 데 반해, 주인이 가져가는 월소득은 평균 175만 원, 156만 원에 그쳤다. 편의점은 낮에는 아내가, 밤에

초기 투자 비용&영업 이익 (단위 : 만 원)		노동 활동	투자금 회수 기간
☕	1억~4억 5천 월 175만	점포 관리, 직원 관리, 시설 관리, 레시피 관리, 본사와의 업무, 원자 재 입출고, 가맹비 처리, 재고 처리	115개월 ~ 258개월
🍗	6천~1억 월 196만	점포 관리, 직원 관리, 시설 관리, 레시피 관리, 본사와의 업무, 원자 재 입출고, 가맹비 처리, 재고 처리	32개월 ~ 51개월
🍖	7천~1억 월 189만	점포 관리, 직원 관리, 시설 관리, 레시피 관리, 본사와의 업무, 원자 재 입출고, 가맹비 처리, 재고 처리	38개월 ~ 53개월
24H	7천~1억 5천 월 156만	점포 관리, 직원 관리, 시설 관리, 레시피 관리, 본사와의 업무, 원자 재 입출고, 가맹비 처리, 재고 관리 및 처리	44개월 ~ 97개월

2016년 공정거래위원회 가맹본부 비교 정보

는 남편이 돌아가며 24시간 노동을 했을 경우에 이 정도의 수익을 가져간 다는 것이 더욱 충격이다. 결국, 커피숍 창업 비용을 2억이라고 고려할 때 최소 8년을 꼬박 일해야만 본인이 투자한 비용을 뽑을 수 있다는 것이다. 거기에 또 하나의 악재가 있다. 바로 최저임금의 가파른 상승이다. 아르바 이트생의 월급이 사장의 소득을 넘는 시점이 다가오고 있다.

더욱 심각한 것은 이런 상황이 전혀 나아질 기미를 보이지 않는다는 것 이다. 눈 뜨고 나면 늘어나는 커피숍, 식당, 편의점이지만, 수많은 사람이 자영업 창업에 오늘도 자신이 평생 모은 소중한 돈을 투자하고 있다. 5년 내 폐업률 87%, 당신의 소중한 재산을 성공률 13%의 도박에 걸 것인가? 아니면 다른 대안을 찾아볼 것인가?

"아, 정말 충격적인데요. 만약 이것이 사실이라면 절망입니다. 저도 곧 회사를 나와야 하는데, 뭐 해 먹고 살죠?"

"네? 회사를 나오신다고요?"

최 사장이 이야기한 내용에 너무 충격을 받은 나머지 명퇴 대상자라는 사실이 입 밖으로 나와 버렸다.

"아, 아닙니다. 그냥 해본 소리예요."

"김 부장님, 될 수 있으면 직장에서 오래 버티세요. 매월 고정적인 수입이 나오는 것은 정말 중요해요. 자영업 창업하시면 비용도 비용이지만, 87%의 실패 확률을 가지고 사업을 시작하는 것입니다. 인구수 대비해서 자영업자 수가 너무 많아요. 전 자영업 창업은 절대 비추입니다."

마음속으로는 '저도 버티고 싶지요.'라는 말을 되뇌었지만, 차마 최사장 앞에서 솔직히 이야기할 수 없었다.

"직장 생활도 해보고 자영업 창업도 해보니까 네트워크 마케팅 사업만큼 큰 위험 없이 미래를 준비하기 좋은 사업이 없더라고요. 몇 개월 일하니 많지는 않아도 꾸준한 수익도 들어옵니다. 그래서 커피숍에도 회사 제품을 배치해서 적극적인 부업 영역으로 뛰어든 거예요. 지금은 부업이지만, 만약 제가 커피숍에서 버는 수익보다 많아지면, 커피숍을 처분하고 본업으로 뛰어들 생각도 요즘은 생기네요."

"커피숍을 처분하고 전업으로 뛰어든다고요?"

"네, 그러기 위해서 지금 부업으로 열심히 뛰고 있어요. 일 년 안에 전업할 수 있도록 말이지요. 지난달에 100만 원 정도 수익이 났으니까 한 일 년 정도면 월 300만 원 정도는 충분히 넘지 않겠어요? 그러면 더 전념해서 네트워크 마케팅 사업자들이 이야기하는 '월천댁(매월 1,000만 원을 버는 여자)'이 되어야지요."

커피숍 이야기할 때는 풀이 죽어 있던 최 사장 눈이 갑자기 반짝이기 시작했다. 그 후에도 네트워크 마케팅 사업의 좋은 점에 대해서 30분 정도 이야기를 듣고 나서야 퇴근길에 오를 수 있었다.

이야기의 핵심은 '권리소득'이었다. 최 사장은 '내가 아직 사업 설명이 서툴러서 그러니 사업에 성공한 스폰서가 와서 설명해줄 수 있도록 조치하겠다'라고 했다. 오실 분이 다이아몬드라는 보석 득템을 하신 분이라는 말과 함께……

알려지지 않은
네트워크 마케팅 사업의
4가지 매력

권리소득을 가져다주는 사업

최 사장과 약속한 날이 되었다. 사실 네트워크 마케팅 사업을 하는 사람을 만나보고 싶은 생각은 전혀 없었지만, 최 사장이 사업 이야기를 할 때 보여주었던 눈에서 나오는 광채는 호기심을 자극하기에 충분했다.

퇴근을 하고 최 사장의 매장에 들어서는데 반갑지 않은 사람이 가게에서 커피를 마시고 있었다. 바로 유신이었다. 1년 전 피라미드 사업을 같이하자고 제안했던 친구 김유신. 그 이후로는 연락도 차단해서 소식도 모르고 있었는데, 하필 이 자리에서 만나다니 기가 막히고

코가 막힐 일이었다.

"어, 의심아, 여기는 웬일이야?"

"아……, 너야말로 여긴 웬일이야? 난 약속 때문에 왔지."

더 심각한 사건은 그 후에 일어났다. 최 사장이 오늘 소개해주고자 했던 그 다이아몬드 보석 득템을 한 사람이 바로 유신이었다.

"유신 스폰서님, 김 부장님을 아세요?"

"네, 대학 동기이기도 하고, 처음 입사했던 기업 동기이기도 합니다. 오늘 소개해주시겠다는 분이 바로 의심이었어요? 세상 참 좁네요. 허허허!"

"정말요? 어떻게 이런 인연이……. 김 부장님은 우리 커피숍의 오랜 단골이에요. 얼마 전 제가 불법 피라미드를 시작했다고 말리러 오셨답니다."

서로 웃고 이야기하는 두 사람 사이에 있다 보니 민망하기 짝이 없었다. 유신이가 나에게 사업 제안을 하고서 내가 그에게 퍼부었던 악담, 미팅 이후 연락을 1년 가까이 끊고 지냈다는 것이 최 사장에게 알려지면 정말 면이 안 설 것 같았다.

"이 친구는 참 좋은 사람입니다. 제가 처음에 이 사업을 시작할 때 진심으로 충고해준 좋은 친구입니다. 지금도 고맙게 생각하고 있어요. 이 친구가 대학 다닐 때도 똑똑했고, 회사 들어가서도 아무 문제 없이 승진했던 친구입니다."

유신은 자신을 원망하기는커녕 최 사장에게 좋게 이야기를 해 주었다. 최 사장에게 자신을 칭찬해주는 유신이가 고마웠다.

"아, 미안하다. 내가 최 사장님이랑 말이 길어졌네. 하여간 오늘 만나서 정말 반갑다. 오늘 시간 내서 나와 준 것도 고맙고."

"음, 뭘……. 난 유신이 네가 나올지는 꿈에도 생각 못 했어. 최 사장님이 네트워크 마케팅 사업이 얼마나 멋진 사업인지 설명해줄 성공한 사람이 온다고 해서 나온 거야."

"허허허! 그렇구나. 그럼 시작해 볼까? 혹시 세계적인 베스트셀러 작가인 로버트 기요사키가 쓴 《부자 아빠 가난한 아빠》에 있던 '현금 사사분면'이라는 표가 기억나니? 우리 옛날에 부자 되겠다고 같이 읽었었잖아."

사실 기억이 좀 가물가물했지만, 《부자 아빠 가난한 아빠》 책을 읽은 것은 확실히 기억이 났다.

"로버트 기요사키는 5%의 사람이 95%의 부를 가지고 있는 이유에 대해서 이 표를 통해 설명했어. 네트워크 마케팅 사업을 해야 하는 이유도 여기에 숨어 있어."

One Point Lesson 05

부자가 되는 방법 '권리소득'이란 무엇인가?

 《부자 아빠 가난한 아빠》의 저자 로버트 기요사키가 설명하는 '현금 사사분면'에서 가장 핵심 내용은 바로 노동소득과 권리소득이라는 개념이다.

1) 노동소득 : 자신의 시간과 노동력을 투입해서 돈과 바꾸는 것

2) 권리소득 : 자신의 시간과 노동력을 투입하지 않고도 소득이 생기는 것

부자와 가난한 자는 개인 능력이 아닌 도구의 차이

노동소득	권리소득
"당신은 남을 위해 일해주고 봉급을 받는 일자리가 있다."	"당신은 시스템을 소유하며 사람들이 당신을 위해 일하고 있다."
돈 X 시간 X Employee 봉급 생활자 **E**	**B** Business Owner 사업가 돈 O
돈 O 시간 X Self-Employed 자영업자 혹은 전문 직업인 **S**	**I** Investor 투자가 돈 O 시간 O 봉사 O 기부 O 건강 O 효도 O
"당신은 일자리를 가지고 있다."	"당신의 돈이 당신을 위해 일하고 있다."
인구 95%의 사람이 5%의 돈을 소유	인구 5%의 사람이 95%의 돈을 소유

구분	내용
봉급 생활자 [Employee]	**대기업 근무자, 중소기업 근무자, 일용직 근무자 등 1,800만 명** 평생 열심히 '남을 위해서' 일하고, 노후에도 계속해서 일을 한다.
자영업자 & 전문직 [Self Employed]	**프랜차이즈 가맹점주, 식당 주인, 의사, 변호사 등 약 700만 명** 자신을 위해서 일한다는 장점이 있고, 봉급 생활자에 비해서 경제적으로 윤택하다. 하지만, 시간적 여유는 없다.
사업가 [Business Owner]	**회사 창업가, 프랜차이즈 본사, 네트워크 마케터 등 약 100만 명** 다른 사람의 시간과 노동을 소유할 수 있는 시스템을 가지고 있다. 내가 일하지 않아도 누군가의 노동력으로 인해 매일 권리소득이 생겨난다.
투자가 [Investor]	**연예인, 스포츠 스타, 자산가, 빌딩 주인 등 극소수 사람들** '돈과 시간의 자유, 봉사, 건강, 여행' 모든 것을 소유한 사람으로, 돈이 돈을 벌어다 준다. 항상 시간이 많고, 원하는 것을 누리면서 행복하게 살아간다.

이 이론에 따르면 95%의 인구는 E사분면(봉급 생활자)과 S사분면(자영업자 혹은 전문 직업인)에 속해 있다고 한다. 이들은 기본적으로 자신의 시간과 노동력을 투입해서 돈과 바꾸는 노동소득을 거두고 있다. 실제로 이들이 벌어들이는 돈은 5%밖에 되지 않는다.

반면, B사분면(사업가)과 I사분면(투자가)은 인구의 5%밖에 되지 않지만, 95%의 부를 거머쥐고 있다. 이들은 자신의 시간과 노동력을 투입하지 않고 돈이 돈을 벌거나, 자신이 만든 시스템을 통해 다른 사람의 시간과 노동력을 소유하고 이를 통해 돈을 버는 권리소득을 거두고 있다. 결국, 부자가 되기 위해서는 노동소득이 아닌 권리소득을 거두는 사람이 되어야 한다. 여기서 현금 사사분면에 속해 있는 사람들에 대해서 구체적으로 살펴보자.

1) 봉급생활자 (E사분면)

상당수의 사람이 자신의 시간과 노동력을 투입해서 봉급과 바꾸는 E사분면의 삶을 살고 있다. 직장인, 아르바이트생 등이 이에 해당한다. 이들은 시간과 노동력을 투입하지 않으면 돈을 벌지 못하기 때문에 평생 일을 해야 한다. 자유 시간이 없는 것은 물론이고, 평생 먹고 살 정도의 돈만 버는 것이 특징이다.

2) 자영업자 혹은 전문 직업인 (S사분면)

자영업자와 전문 직업인(의사, 변호사, 회계사)은 자신의 사업장을 개설하고 자신을 위해서 일을 한다는 측면에서 봉급 생활자(E사분면)와는 차이가 있다. 경제적으로도 봉급 생활자보다 대체로 여유롭지만, 자신의 노동력을 투입해야만 돈을 벌 수 있는 노동소득에서 벗어날 수 없기 때문에 시간적 여유는 없다.

3) 사업가 (B사분면)

성공한 회사 창업자, 프랜차이즈 본사 오너 등 사업가는 다른 사람의 시간과 노동력을 소유하는 시스템을 보유하고 있다. 처음 시스템을 만들기까지는 자신의 시간과 노동력을 투입하지만, 이후에는 다른 사람의 노동력을 통해 권리소득을 얻는다.

4) 투자가 (I사분면)

돈이 돈을 버는 사람이다. 금수저이거나 사회적으로 매우 성공한 아주 극소수에게만 주어진 권리이다. 이들은 자신의 자산이 얼마나 불어나는지 정확히 모르는 것이 특징이다.

"음, 이 표를 보면 부자가 되기 위해서는 노동소득이 아닌 권리소득을 얻어야 한다는 것이 핵심이네. 사실 금수저가 아닌 이상 투자가가 한순간에 되는 것은 어렵잖아. 우리 같은 흙수저는 자신만의 시스템을 갖춘 회사를 만들어야만 권리소득을 얻을 수 있다는 이야기인데……."

"정확히 이해했네!"

"하지만 기업 하나 세우는 게 말처럼 쉬운 일은 아니잖아. 예전 상무님 기억나지? 40세에 상무가 된 회사의 최고 엘리트였잖아. 그 양반도 기업 만든다고 설치다가 부도가 나서 길거리로 나앉았다고 하더라고. 이런 사람도 못 하는 일을 나보고 하라는 소리인데……. 아마도

난 평생 부자가 못 되겠네."

유신이가 주장하는 말도 안 되는 논리에 갑자기 짜증이 밀려들었다.

"허허허, 이 친구, 성격 한번 급하네. 권리소득이 타고난 금수저나 소수의 천재에게만 허락된 것이라면 내가 이 이야기를 꺼내지도 않았겠지. 여기 표를 좀 봐봐. 사업가(B사분면)에 네트워크 마케팅 사업이라고 쓰여 있잖아."

"어디? 오, 그렇네."

"미국 백만장자 중 20%가 바로 네트워커라고 해. 엄청난 숫자지! 이들은 네트워크 마케팅 사업을 통해 성공하고 권리소득을 누릴 수 있는 사업가(B사분면) 영역으로 진입한 거야. 네트워크 마케팅 사업은 내가 사업을 먼저 시작했다는 이유만으로 사업자들이 내 산하로 들어오는 구조야. 그리고 이들이 벌어다 준 매출 일부를 내가 공유하게 돼. 그 예로 사흘 전에 최 사장님이 사업자를 한 분 만드셨는데, 그 사업자를 통해서 만들어진 매출의 일정 부분이 최 사장님의 수익이 되면서 내 수익이 되었어."

다른 사람이 만들어준 매출이 나에게 공유된다는 말에 갑작스럽게 호기심이 생겨 물었다.

"그게 가능해?"

"네트워크 마케팅 사업의 본질이 바로 매출 공유 시스템이기 때문에 가능한 거야! 처음에는 한 명으로 시작하지만, 몇 년 후에는 수만 명의 산하 사업자가 벌어주는 돈이 내 소득으로 들어오게 돼. 이게 네트워크 마케팅 사업이야."

"오호, 수만 명이 버는 돈이 내 소득이 된다고? 그러면 기업을 가진 거나 마찬가지인데?"

One Point Lesson 06
일반 기업과 네트워크 마케팅 기업의 시스템 차이

 기업을 만드는 일은 평범한 사람에게는 어려운 일이다. 참고로 여기서 말하는 기업이란 적어도 수십 명의 직원을 두고 있는 중소기업을 의미한다.

수십 명의 직원을 고용하고 수익을 내는 구조, 이를 '비즈니스 모델'이라고 한다. 통상적으로 이 비즈니스 모델만 잘 만들어 놓으면, 이 시스템을 돌릴 사람만 월급을 주고 고용하면 된다. 회사를 대신 경영해줄 똑똑한 CEO, 각 부서를 책임져줄 팀장급, 직접 몸으로 뛰어주는 사원까지 나를 대신해 비즈니스 모델을 돌려줄 사람을 구하면 회사는 자연스럽게 굴러간다. 중소기업 오너들이 평일에 골프장이나 사우나에서 시간을 보낼 수 있는 이유가 바로 이 때문이다.

아래의 피라미드 그림은 바로 시스템을 의미한다. 사업가는 자신이 이 피라미드 모델을 만들고 사람을 채용하고 이들에게 월급을 준 나머지 수익은 본인이 모두 챙긴다. 그래서 부자가 된다. 이들이 부자가 되는 이유는 이 피라미드 모델, 즉 비즈니스 모델을 만드는 것이 소수의 뛰어난 사람들에게만 허락된 일이기 때문이다. 나머지 사람들은 비즈니스 모델을 만들 엄두를 내지 못하기 때문에 이 시스템에 들어가 자신의 노동력 대신 월급을 받는 길을 선택한다.

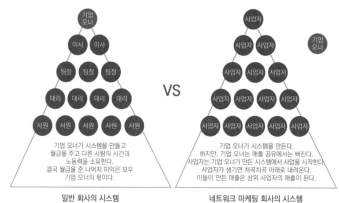

| 일반 회사의 시스템 | 네트워크 마케팅 회사의 시스템 |

네트워크 마케팅 시스템은 이 비즈니스 모델상으로 보면 이단아에 속한다. 기업 오너가 본인의 돈과 재능을 투자하고 비즈니스 시스템을 만든다. 그리고 본인은 회사 경영, 제품 개발, 마케팅, 회계 등을 담당한다. 그리고 이 피라미드 구조에서 빠진다. 이 피라미드 구조에는 직원이 아닌 사업자가 들어온다. 사업자는 사업을 결정한 순서대로 차곡차곡 쌓이게 된다. 순서를 거스를 수는 없다. 그리고 하단부에서 만들어진 매출은 위의 사업자에게 고스란히 공유된다.

결국, 빠르게 사업을 결정한 사람은 회사가 잘만 성장하면 수백 명, 수천 명, 수만 명의 사업자를 내 직원처럼 보유할 수 있다. 중요한 것은 나는 이들 사업자에게 월급을 주지 않는다는 것이다. 월급을 주지 않는 직원을 수만 명 보유한 회사의 주인이 될 수 있다. 오늘 사업을 결정하고 바로 시작한다면 말이다. 이것이 네트워크 마케팅 사업이다.

"편의점을 생각해보면 쉽게 이해할 수 있어. 우리가 편의점 사업을 만드는 것은 거의 불가능하겠지! 유통부터 가맹점 관리, 회계 등을 모두 책임져야 하니까. 네트워크 마케팅 사업은 이 모든 것을 본사에서 책임져. 우리는 또 다른 편의점을 개설하고, 소비자를 만드는 데에만 집중하면 돼. 그런데 재미있는 것은 본사에서 편의점을 만드는 것이 아니라 우리 사업자들이 직접 만들 수 있다는 거야. 그리고 그 편의점은 내 산하로 편입되지. 그리고 이들이 만들어준 매출은 고스란히 나에게 올라와. 내 산하로 100개, 1,000개, 10,000개의 편의점이 생겼다고 생각해 봐. 내가 거대한 유통회사를 가지게 된 것과 같아. 그리고 그 수익이 내게 올라온다면 어떻게 될까?"

나는 유신의 질문에 눈이 커지며 대답했다.

"그러면 엄청 많은 수익이 나에게 올라오겠지!"

"맞아, 그런데 그 수익은 점점 더 커져. 그것도 기하급수적으로 말이지. 그러면 나는 내 노동력을 투입하지 않았는데도 소득이 늘어나는 구조, 즉 권리소득을 얻을 수 있게 돼! 그것도 엄청난 수익을 말이야! 이게 바로 네트워크 마케팅 사업의 매력이야."

One Point Lesson 07

방문 판매 vs 네트워크 마케팅

 많은 사람이 방문 판매와 네트워크 마케팅 사업의 차이에 대해서 잘 모르고 있다. 방문 판매와 네트워크 마케팅 사업은 사람을 통한 물건 판매, 즉 인적 판매 사업이라는 공통점이 있다. 하지만 개념과 수익 구조가 완전히 다르다.

1) 방문 판매와 네트워크 마케팅 사업의 공통점

정수기, 화장품, 보험 등을 판매하는 방문 판매는 내가 판매한 매출분에 대해서 일정 부분을 소득으로 벌어간다. 예를 들어, 이번 달 1,000만 원을 판매했으면, 그중 20%인 200만 원을 영업 소득으로 벌어가는 구조이다. 네트워크 마케팅 사업도 본인이 소비자에게 판매했을 경우 일정 수익을 가져간다는 점은 비슷하다. 보통 방문 판매가 네트워크 마케팅 사업보다 판매 수수료율이 높은 것이 특징이다.

2) 방문 판매와 네트워크 마케팅 사업의 차이점

옆집 재민이 엄마가 사업을 잘할 것 같아 같이 하자고 제안했다. 이후 재민이 엄마가 사업을 시작했고, 월 1억 원의 매출을 올리게 되었다. 이때부터 방문 판매와 네트워크 마케팅 사업의 확연히 다른 점이 드러난다. 방문 판매는 내 소득과 재민이 엄마의 소득이 전혀 상관없다. 즉, 내가 판매한 것만 가져갈 뿐이지 재민이 엄마 소득은 재민이 엄마의 몫이다. 그러나 네트워크 마케팅 사업은 내가 재민이 엄마를 사업자로 만들었기 때문에 재민이 엄마가 올린 1억 원이 내 소득으로 잡힌다.

다음 달 자신이 사정상 일을 하지 못한다고 가정해보자. 방문 판매일 경우 일을 하지 못하는 달의 내 소득은 '0'이 된다. 하지만 네트워크 마케팅 사업은 내가 사업을 하지 못해도 내가 사업에 참여시킨 유능한 재민이 엄마가 1억 원을 또 벌어왔기 때문에 그 소득의 일부가 나에게 들어온다.

월급을 주지 않아도 돈을 벌어다 주는 내 사업자

"네트워크 마케팅 사업에는 또 다른 매력이 숨어 있어! 우리 신입사원 때 기억나? 신입사원 오리엔테이션에 가면 '앞으로 2년 이내에 대리로 특진하겠다', '자신은 15년 만에 임원이 되겠다' 등 다들 포부가 남다르잖아."

"그러게, 나도 그때는 15년 만에 사장까지 오르는 게 목표였는데……."

"그랬던 친구들이 부서 배치를 받은 지 1개월 만에 동태 눈깔이 되고 말았지. 그때부터는 잘리지 않는 것이 목표가 돼. 일반적으로 직장이라는 곳은 거의 이런 형태를 가지고 있어. 들어갈 때는 엄청 능동적이지만, 시간이 지날수록 월급이라는 보상에 익숙해지며 수동적인 사람들이 되지."

"생각해보니까 그러네. 처음 마음만 가지고 직장 생활하면 몇 년 만에 사장도 될걸?"

갑작스럽게 직장에 처음 입사했을 때가 생각이 났다. 초고속 승진으로 회사 대표가 되어 떵떵거리며 살겠다고 호기를 부리던 시절이 나에게도 있었다.

"맞는 말이야. 그런데 일반 직장과 완전히 다른 패턴의 조직이 있어. 처음에는 끌려오다시피 하는데, 이후에는 아주 능동적으로 변하는 조직 말이지. 바로 교회야. 김 부장도 교회 다니잖아. 교회 처음에 갈 때 혼자 찾아서 갔어?"

"음, 아내하고 결혼하고 싶은데, 장모님이 독실한 기독교 신자라고 해서 점수 따고자 갔었지."

"허허허, 맞아. 종교의 경우 대부분 처음에는 누군가의 손에 이끌려서 가잖아. 그런데 김 부장은 지금도 교회 열심히 나가지?"

"응, 적어도 일요일은 빠지지 않고 가지. 주차 봉사도 하고, 그래도 열심히 신앙생활을 하는 편이야."

"맞아, 처음에는 수동적이지만, 성령이 깃들기 시작하면 김 부장처럼 일요일인데도 새벽에 일어나 형광 조끼 입고 주차 봉사를 나갈 정도로 능동적으로 되는 게 바로 종교야."

유신의 말을 듣다 보니 예전에는 일요일에 교회 가기가 싫어 이 핑계 저 핑계 대던 내가 지금은 어엿한 종교인으로 많이 바뀐 것을 깨닫게 되었다.

"생각해보니 맞네. 직장과는 정반대인데?"

"종교와 비슷한 패턴을 보이는 조직이 하나 있어. 그게 네트워크 마케팅 조직이야. 네트워크 마케팅 사업도 처음부터 하겠다고 자발적으로 오는 사람은 거의 없다고 보면 돼. 누군가의 강요, 누군가의 소개로 사업을 처음 접하지. 그런데 네트워크 마케팅 사업에 대한 비전을 보고, 사업에 대한 확신이 들면 그때부터는 엄청나게 능동적으로 바뀌지. 그 이유는 남을 위해서 일하는 것이 아닌 바로 자기 사업이기 때문이야. 만약 지금 이 커피숍이 자기 사업이라고 생각해 봐. 엄청 열심히 일하겠지?"

"당연하지. 직장이야 정해진 일을 어느 정도 하면 월급이 나오지만, 내 사업은 내가 열심히 해야지 돈을 버는 곳이잖아. 투자도 많이 하고 말이야."

"네트워크 마케팅 사업도 마찬가지야. 자기 사업이니까 더 열심히 할 수밖에 없어. 더 매력적인 것은 이렇게 열심히 사업하는 사람 수백, 수천, 수만 명이 내 산하에 있다고 생각해 봐. 거기에 그 사람들이 벌어다 주는 돈을 내가 공유받는다면······."

갑자기 수백, 수천 명의 사람이 머리에 띠를 두르고 열심히 일하고 있는 모습이 머릿속에 그려졌다. 그리고 이들이 벌어다 주는 돈이 내 통장으로 들어오는 상상을 펼치니 순간 엄청난 행복감이 밀려왔다.

"그거야말로 천국이 따로 없겠네!"

"그래, 그게 바로 네트워크 마케팅 사업의 또 다른 비전이야!"

노후에 할 일은 네트워크 마케팅 사업밖에 없다

"네트워크 마케팅 사업은 평생 직업이라는 또 다른 매력이 있어. 4차 산업혁명이라고 들어봤지?"

"응, 인공지능이 세상을 바꾼다는 멋진 시대를 말하는 거잖아. 매스컴에서 많이 접했어."

얼마 전 아이 숙제 때문에 4차 산업혁명 시대와 관련된 TV 다큐멘터리를 본 기억이 있었다. 인공지능이 삶을 편안하게 만들어주는 풍족한 일상이 내 머릿속에 있는 4차 산업혁명 시대의 모습이었다.

"맞아, 4차 산업혁명 시대를 쉽게 풀어보면 인공지능 시대 즉, 이세돌 9단을 연파했던 알파고 시대가 온다는 것이야. 인공지능 덕분에 인간은 노동에서 점차 해방되겠지. 덕분에 유례 없이 풍족한 삶을 살수 있게 될 거야. 단, 전제는 돈만 있다면."

"뭐?"

"2016년 다보스포럼에 따르면 향후 20년 이내에 수십만 개의 직업이 사라진다고 해. 인공지능이 인간의 노동력을 대체하기 때문에 벌어지는 현상이야. 그러니 돈이 있으면 천국인 삶, 반대로 돈이 없으면 손가락이나 빨고 있어야 하는 삶이 펼쳐지게 되겠지."

One Point Lesson 08
4차 산업혁명 시대에 없어질 직업

 2016년 다보스포럼에서는 4차 산업혁명 시대에 인공지능이 빼앗아갈 직업에 대해 다루었다. 이들 직업은 예시일 뿐 실제로 사라지는 직업군은 어마어마할 것이다.

곧 현실이 될 자율주행차 시대만 보아도 수많은 직업군이 사라질 것을 예측할 수 있다. 일단 운수업에 종사하는 사람은 바로 실업자가 된다. 버스 기사, 택시 기사, 트럭 기사는 물론이고, 대한민국 부업의 상징인 대리운전 기사도 설 자리를 잃게 된다.

자동차와 자동차는 인공지능으로 연결되어 있어 사고가 현격히 줄어든다. 교통경찰은 물론이고, 보험에 종사하는 사람들도 타격을 받는다. 자동차끼리의 간격은 30cm 이하로 가까워지면서 도로공사 관련 종사자의 일

자리도 급격하게 줄 것이다.

'한 가정, 차 두 대' 패턴도 사라질 것이다. 아침에 남편의 출근을 도운 자동차가 집으로 혼자 달려와 아이들을 등교시키고, 아내의 쇼핑을 돕다가 저녁에는 회식이 끝난 남편을 맞이하러 가게 될 것이기 때문이다.

결국, 자동차 산업에 종사하는 고액 연봉 직장인들은 점차 일자리를 잃게 된다. 이것이 바로 곧 닥치게 될 4차 산업혁명 시대의 단면이다.

20년 안에 사라질 가능성이 있는 직업			
텔레마케터	99%	금융전문가	23%
시계수선공	99%	기자	11%
스포츠 심판	98%	정치학자	3.9%
회계사	94%	패션디자이너	2.1%
택시기사	89%	CEO	1.5%
프로그래머	48%	초등 교사	0.4%
경제학자	43%	사회복지사	0.3%
판사	40%	레크레이션 치료사	0.2%

옥스포드 마틴스쿨(2013년)

갑자기 간담이 서늘해졌다. 인공지능이 도입되면 삶이 훨씬 편해지고 좋아질 거라고 생각했는데, 내 일자리까지도 빼앗기다니 난감한 일이다.

"현재 빌딩을 가지고 있어서 매달 몇백만 원에서 몇천만 원의 수익이 나오지 않는 이상, 인공지능의 인간 노동력 대체는 심각한 문제로 받아들여야 해. 그래서 우리 같은 평범한 사람은 대안을 찾아야하지.

가장 현명한 방법은 인공지능이 대체하지 못하는 직업을 갖는 거야."

"인공지능이 대체하지 못하는 직업?"

"네트워크 마케팅 사업의 가장 큰 매력은 인간만이 할 수 있는 일이라는 거야. 기업과 소비자를 사람이 바로 이어주는 직업이기 때문이지. 우리가 나이 먹고 할 일은 네트워크 마케팅밖에 없을 수도 있어. 그러니 조금이라도 젊을 때 당장 시작해야 해."

유신이와 네트워크 마케팅 사업에 대해 두 시간 가까이 이야기하고는 집으로 돌아오는 길에도 계속 유신의 말이 떠올랐다.

'자기 사업으로 적극적으로 일하는 사람 수백, 수천, 수만 명이 벌어다 주는 소득이 내 소득이 된다. 그리고 내가 나이 들어서도 할 수 있는 직업이라고?'

월 1,000만 원 소득에 가장 빨리 도달할 수 있는 사업

퇴근 시간에 최 사장 가게에 들렀다. 유신이가 파트너와의 미팅이 있다고 해서 미팅에 함께 참여해보기로 했다. 최 사장 가게에 도착하니 나보다 어려 보이는 부부가 앉아 있었다.

"김 부장, 인사해. 여기는 김치과 님과 아내이셔. 내 소중한 파트너 사장님들이야."

"안녕하세요? 김치과입니다. 여기는 제 아내입니다."

"안녕하세요? 유신이 친구 김의심이라고 합니다."

"하하하, 우리 존경하는 유신 스폰서님에게 유신이라고 부르는 사람이 있으니 좀 낯설어요."

순간 조금 당황했다. 스폰서라니? 최 사장하고 이야기할 때는 당연히 친구 관계였던 유신을 별도의 호칭 없이 불렀는데, 막상 전혀 모르는 사람을 만나고 나니 호칭에 대해서 조심스러워졌다.

One Point Lesson 09
네트워크 마케팅 사업의 독특한 호칭 '스폰서와 파트너'

 일반인에게 가장 익숙하지 않은 것이 네트워크 마케팅 사업의 독특한 '호칭'이다. 호칭은 단순히 사람을 부르는 것 이상으로 의미가 있으니 다음 내용을 꼼꼼히 숙지하자.

일단 네트워크 마케팅 사업을 시작하면 모두 '사장님'이라는 호칭을 갖는다. 네트워크 마케팅 사업자는 IBO(Independence Business Owner), 즉 개개인이 독립된 사업자이다. 커피숍을 내면 그 집 주인을 사장님이라고 부르는 것처럼 우리도 각 사업자 한 사람 한 사람이 무점포를 가지고 있는 독립 사업자이기 때문에 사장님이라는 호칭으로 통일한다. 여기에 한 가지 추가되는 개념이 바로 스폰서와 파트너이다.

1) 스폰서

스폰서(Sponsor)는 나를 이 사업에 입문할 수 있도록 사업을 전달한 사람을 의미한다. 재미있는 것은 스폰서에게도 스폰서가 있고, 또 그 위에도 스폰서가 있을 수밖에 없다. 결국, 사업을 시작하면 상당히 많은 스폰서가 자연스럽게 만들어진다. 그래서 나를 기준으로 내 라인 위에 위치한 사람들, 즉 나보다 사업을 먼저 시작한 사람들을 스폰서라고 부르는 것이 업계 통념이다. 호칭도 스폰서로 통일해서 불러준다. 일반적으로 스폰서는 사업에 익숙하고 돈도 더 많이 벌고 있다. 처음 시작한 파트너 사장님은 어떻게 사업을 해야 할지 모르니 성공할 수 있도록 도와주는 것이 스폰서의 역할이다.

2) 파트너

나를 기준으로 나보다 사업을 늦게 시작한 사람을 파트너(Partner)라고 부른다. 보통 산하 파트너라는 개념을 쓰는데, 내가 리크루팅해서 내 산하에 들어온 사람도 파트너, 그 파트너가 만들어온 사람들도 다 내 파트너다. 보통은 '사장님' 또는 '파트너 사장님'으로 통일한다.

상위 라인의 사업자에게 사장님이라고 부르는 것은 업계의 예의를 벗어나는 일이다. 스폰서를 스폰서라고 부르지 않고 사장님이라고 부를 경우, '나를 아직 상위 사업자로 인지하고 있지 않구나.'라는 불쾌감을 줄 수 있다. 네트워크 마케팅 사업은 상하 관계가 없는 평등한 사업이지만, 파트너 사업자는 스폰서로부터 많은 도움을 받아야만 성장할 수 있고, 향후 본인도 수많은 파트너의 스폰서가 될 것이기 때문에 서로 존중하는 문화를 만들어가는 의미에서 자발적인 상하존중 문화인 LOS(Line of Sponsorship)를 익히는 것이 매우 중요하다.

LOS를 지키지 않으면 그 화는 반드시 자신과 파트너에게 돌아온다. 왕초보 네트워커라면 꼭 명심하자.

"아, 네트워크 마케팅 세계의 하나의 규칙이구나! 그러면 저기 계신 부부는 유신이, 아니 유신 사장이 입문시킨 거야?"

"아니야, 최 사장님이 자신의 지인을 통해서 전달한 분들이셔. 나와는 직접적인 관계는 없고."

"그런데 왜 유신을 스폰서라고 부르는 거야? 직접 사업을 전달한 사람이 아니라며?"

"네트워크 마케팅 사업은 내 파트너가 사업자를 만들어도 모두 내 산하 사업자가 되지. 그러면 난 그들의 스폰서가 되는 거야."

내가 사업자를 만들지도 않았는데, 산하 파트너가 생긴다는 말이 이제 좀 이해가 갔다.

"음, 신기한 사업이네."

갑자기 시선이 젊은 부부에게 돌아갔다. 말끔한 이미지의 두 사람은 왠지 모를 부드러운 분위기를 풍기고 있었다.

"제가 요즘 네트워크 마케팅 사업을 알아보는 중이어서 말이지요. 선배인 두 분께 질문을 드려도 될까요?"

"네, 얼마든지요. 저희도 이제 2주 차여서 아직 많은 정보는 없지만, 알고 있는 내용은 말씀드릴게요."

"감사합니다. 두 분은 왜 네트워크 마케팅 사업을 시작하셨어요? 아직 젊으신 것 같은데요."

"하하, 젊지 않습니다. 올해 40세이거든요. 네트워크 마케팅 사업을 선택한 이유는 다들 비슷하지요. 돈 벌어서 부자가 되기 위해서 선택했습니다."

돈 벌기 위해서 네트워크 마케팅 사업을 선택했다는 말을 듣고 연봉이 낮은 것 같아 측은지심이 생겼다.

"본업만으로는 생활하기가 힘들죠. 저는 직장 생활 15년 차인데도 근근이 살아갑니다. 두 분은 직업이 어떻게 되세요. 저는 대기업 출신으로 중견기업에서 지금 부장직을 맡고 있습니다."

"아, 대단하십니다. 저희는 직장생활은 해본 적이 없어요. 치과의사입니다."

직업이 치과의사라는 말에 어이가 없어 다시 한번 물어봤다.

"치과의사라고요? 치과의사면 돈 많이 버시잖아요. 한 달에 수천만 원은 버실 텐데 부업을 하실 필요가 있을까요? 그것도 사람들에게 천대받는 직업인 네트워크 마케팅 사업을……."

"의사가 돈 많이 번다는 것은 옛날이야기입니다. 물론 의사 면허를 가지고 있으니 평생 일할 수는 있지요. 하지만 그뿐입니다. 저희 부부는 프리랜서 의사로 일을 하고 있어요. 한 달 수익이 생각하시는 것만큼은 많지 않아요. 그리고 치과 일이 생각보다 고된 노동입니다. 그래서 네트워크 마케팅 사업으로 조금이라도 젊을 때 부수익을 만들어보고자 시작했습니다."

"'의사들도 네트워크 마케팅 사업을 한다' 제 상식에서는 아직도 이해가 가지 않습니다."

그러자 김유신 사장이 자기 파트너와 관련된 이야기를 하나씩 해주기 시작한다.

"김 부장, 네트워크 마케팅 사업이 아직도 이상한 사업이라고 생각할지 모르지만, 네트워크 마케팅 본고장인 미국에서는 상당수의 인텔리들이 네트워크 마케팅 사업을 겸업하고 있어. 심지어는 도널드 트럼프 대통령도 통신 네트워크 마케팅 회사에 투자했었지. 빌 클린턴 전 대통령도 네트워크 마케팅 사업의 예찬론자야. 암웨이가 한국에 처음 진출했던 40년 전에는 미국에서 유학했던 인텔리 계층들이 사업을 시작했고, 현재 그들은 연간 수억 원의 소득을 얻고 있어."

"음, 정말 믿을 수 없는 이야기군. 네트워크 마케팅 사업은 이상한 사람들이나 하는 사업인 줄 알았어. 돈 없고, 사업에 실패하고 그래서 다른 사람 속이는 사람들이 하는 사업이라고 말이야."

"네트워크 마케팅 사업이 불법 피라미드 때문에 인식이 많이 안 좋아진 것은 사실이야. 어쩌면 네트워크 마케팅 사업의 최대 피해자는 네트워크 마케팅 사업 자신이 아닐까 싶어. 지난번에도 이야기했지만, 이들 불법 피라미드가 만들어놓은 편견만 걷어낸다면 네트워크 마케팅 자체는 정말 끝내주는 사업이야."

솔직히 유신 사장의 말을 다 믿는 것은 아니었지만, 내가 어릴 적부터 동경했던 직업 중 하나인 치과의사들이 이 사업에 동참하고 있다는 이야기를 들으니 네트워크 마케팅 사업에 대한 불신을 조금 벗어던질 수 있었다.

"김 부장, 내가 아직 이야기해주지 않은 네트워크 마케팅 사업의 또 다른 매력이 하나 더 있어. 네트워크 마케팅 사업은 같은 노력을 했을 때 다른 직업에 비해서 월 1,000만 원 소득에 가장 빠르게 접근할 수 있는 사업이라는 거야."

"월 1,000만 원 소득이라고?"

One Point Lesson 10

월 1,000만 원 소득에 가장 빠르게 접근하는 길

 평범한 사람들의 소득 로망은 월 1,000만 원의 수익일 것이다. 직업군별로 월 1,000만 원 소득에 도달할 방법과 도달에 걸리는 시간을 분석해보면 다음과 같다.

	대기업 임원	의사	자영업자	네트워커
학력	SKY대학교 1~2등 졸업	의대 졸업 필수	없음	없음
초기 투자금	없음	의사 취득까지 비용 평균 3억	1억 이상	거의 없음
월 1,000만 원 소득 도달 기간	입사 후 최소 20년	의대 졸업까지 13~15년	따로 없음	따로 없음
월1,000만 원 소득 도달 확률	입사 후 0.1% 확률	의사 면허 취득 후 100%	1% (2016년 통계)	1.4% (2016년 통계)
소득 형태	노동소득	노동소득	노동소득	권리소득

1) 대기업 임원

대기업 임원으로 승진하면 월 1,000만 원 혹은 그 이상의 월급이 나온다. 이를 위해 소위 말하는 SKY 대학(서울대, 연대, 고대)에 입학하고 거기서도 1, 2등을 해서 대기업에 입사해야 한다. 만약 1,000명이 입사한다면 평균 20년의 레이스를 거쳐 그중 한 명이 임원이 된다. 0.1% 확률의 주인공이 되어야 임원이 된다는 뜻이다. 하지만 아쉽게도 대한민국 임원의 평균 임기는 3년이며 계약직이다.

2) 의사

의사가 되면 월 1,000만 원 이상 충분히 벌 수 있다. 이를 위해 고등학교에서 우수한 성적을 유지해 의대에 입학하고, 의대 6년, 인턴과 레지던트 4년을 걸쳐 10년, 남자의 경우 군의관 3년을 끝마치고 사회에 나온다.

다행히 평생 일할 수 있고, 의사 중 상당수가 월 1,000만 원의 소득을 얻고 있다.

3) 자영업자

학력, 준비 기간이 없어도 일단 돈만 있으면 시작할 수 있다. 다만 최소 1억 원 이상은 투자할 수 있어야 한다. 투자 후에는 상상을 초월하는 노동을 감수해야 한다. 통계상 대한민국 월 1,000만 원 이상 소득을 가져가는 자영업자는 전체 자영업자 중 1%가 안 된다. 자영업자 중 5년 내 87%가 폐업한다. 고생은 고생대로 하고, 초기 투자비는 투자비대로 날리고, 월 1,000만 원을 버는 확률은 불과 1%이다. 과연 옳은 선택일까?

4) 네트워커

학력, 준비 기간이 필요 없다. 초기 투자 비용도 거의 없다. 능력 있는 사람은 몇 개월에서 1년 안에 월 1,000만 원 소득을 가져갈 수 있다. 물론 네트워커 중 1.4% 수준이 월 1,000만 원의 소득을 받고 있다. 조직을 잘 갖추어 놓으면 소득은 점차 늘어나는 구조가 된다. 월 1,000만 원이 아니라 월 1억도 넘길 수 있다. 게다가 권리소득이다.

"생각해보니 그렇네. 월 1,000만 원 소득이 정말 어려운 일이네."

"맞아. 직장인, 의사, 자영업자와 같은 노동소득으로는 아무리 노력해도 월 1,000만 원을 벌기 어려워. 그에 반해 네트워크 마케팅 사업은 월 1억 원의 소득을 얻는 일명 네트워크 마케팅 부자가 상당수 존재해. 실제로 월 1,000만 원 소득은 네트워크 마케팅 사업을 시작한 지 1년도 안 되어서 만들어낼 수 있는 현실적인 소득이야."

"그게 어떻게 가능하지?"

"그 해답은 이 동화에서 찾을 수 있어!"

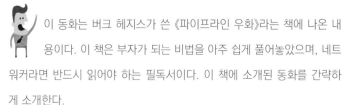

One Point Lesson 11

부자가 되는 동화 '파이프라인 우화'

이 동화는 버크 헤지스가 쓴 《파이프라인 우화》라는 책에 나온 내용이다. 이 책은 부자가 되는 비법을 아주 쉽게 풀어놓았으며, 네트워커라면 반드시 읽어야 하는 필독서이다. 이 책에 소개된 동화를 간략하게 소개한다.

작은 마을에 파블로와 브루노라는 두 젊은이가 살았다. 꿈이 많았던 두 젊은이는 늘 부자를 꿈꾸었다. 그러던 중 마을 광장에 저장해 놓은 물탱크의 물이 점점 줄어드는 사건이 일어났고, 마을에서는 강에서 물을 길어올 사람을 구하기 시작했다.

두 사람에게 돈을 벌 수 있는 기회가 생긴 것이다. 처음에는 파블로, 브루노 둘 다 이를 부자가 될 수 있는 인생 최고의 기회라고 생각했고, 온몸을 다 바쳐 열심히 강에서 물을 길어 날랐다. 하지만 시간이 가면서 점차 두 사람의 행보는 달라지기 시작했다. 브루노는 부자가 되기 위해서 변함없이 자신의 몸을 불살라 물통을 날랐다. 반면, 온종일 물통을 나르느라 온통 손에 물집이 잡히고 온몸이 아파오는 고통을 느낀 파블로는 물을 좀 더 쉽게 길어올 방법을 연구하기 시작했다. 그 결과, 강에서부터 마을까지 파이프라인을 연결하는 방법을 개발해냈다.

이날부터 파블로는 점심때까지만 물통을 나른 뒤, 나머지 시간에는 파이프라인을 구축하는 데 시간을 보냈다. 반면, 브루노는 열심히 물통을 날라 파블로보다 두 배의 수익을 올리며 굉장히 화려한 삶을 살게 되었다.

몇 개월 후 파블로의 파이프라인이 절반 정도 완성되었다. 덕분에 물을 나르는 시간이 절반으로 줄어들었고, 시간적 여유가 좀 더 생기자 파이프라인 건설에 집중했다. 반면, 브루노는 매일 물통을 나르다 보니 몸이 점점 아파지기 시작했다. 그리고 자신의 처지를 한탄하고 뭔지 모를 분노와 불만을 품게 되었다.

마침내 파블로는 파이프라인을 완성했다. 깨끗한 물이 무한 공급되자 마을의 인구는 더 늘어나고 번창하게 되었다. 파블로가 밥을 먹거나 잠을 자는 동안에도 또, 즐겁게 노는 시간에도 물은 계속 흘러왔다. 도시의 인구가 많아지면 많아질수록 흘러가는 물의 양이 더 많아졌고, 파블로는 더 많은 돈을 벌게 되었다.

그 후 파블로는 브루노와 함께 이 파이프라인을 구축하는 노하우를 다른 사람들에게 가르쳐주고, 다시 그 사람들이 그 기술을 가르치는 것을 도와주는 청사진을 계획하게 된다. 그리고 이를 실현해서 연간 수백만 달러의 수입을 창출하는 부자가 된다.

"이 동화는 권리소득에 대한 힌트를 제시하기로 유명한 이야기야! 부자가 되는 방법을 제시하는 동화이기도 하고. 동화를 보면 브루노가 바로 노동소득을 올리는 대표적인 경우이지. 매일 물지게를 날라 돈을 벌잖아. 하지만 한 사람의 노동력으로는 소득에 한계가 있어. 대기업 직장인, 의사, 자영업자가 월 1,000만 원의 소득을 버는데 많은 시간이 걸리고 확률도 상대적으로 적은 것은 바로 노동소득에 기대기 때문이야."

"네트워크 마케팅 사업은 달라?"

"네트워크 마케팅 사업은 나를 중심으로 유통회사를 만드는 사업이야. 나는 가맹점 조직을 만들어야 해. 이들 가맹점 조직만 잘 만들어 놓을 수 있다면, 그리고 회사가 오랫동안 살아 남아줄 수만 있다면, 수많은 사람이 만들어준 수익이 나에게 계속해서 올라오게 돼. 파블로가 만든 파이프라인 같은 효과가 나는 거야."

"평범한 사람들이 파이프라인 구축을 통해 월 1,000만 원의 소득을 1년 만에 창출할 수도 있는 사업, 그것이 이 사업의 매력이야."

지난번에 이야기했던 로버트 기요사키의 '노동소득'과 '권리소득'에 대한 내용이 이제야 이해가 갔다. 돈이 들어오는 파이프라인을 구축함으로써 부자의 세상으로 나아갈 수 있는 길을 제시하는 것이 네트워크 마케팅 사업이 제시하는 방향이라는 것을 듣고 나니 갑작스럽게 호기심이 생겨났다.

"유신 사장? 그럼 네트워크 마케팅 사업은 부업으로 해야 할까? 아니면 전업으로 뛰어야 할까? 갑자기 굉장히 궁금해지네."

"음, 이 질문은 사실 대답하기 어려워. 사람의 성향, 상황에 따라 다 다르니까 말이지. 그런데 내가 내린 결론은 '부업'이 맞다는 거야. 네트워크 마케팅 사업의 핵심은 돈이 꾸준히 벌릴 수 있는 파이프라인을 구축하는 거야. 파이프라인 우화에서 파블로도 처음부터 물 긷는 것을 그만두고 파이프라인을 만든 것이 아니야. 일과의 반은 물을 긷는 데 쓰고, 반은 파이프라인을 구축하는 데 썼지. 파블로도 생활비를 벌 수 있는 물 길어 나르기를 계속했던 거야. 안정적인 주 수입이 있는 상태에서 파이프라인, 즉 가맹점을 만들어가는 것이 현명하다는 게 내 판단이야. 조직을 구축하는 데는 일반적으로 1년 정도는 걸리거든. 처음에는 부업으로 시작해서 수입이 주 수입을 넘어서면 본업을 그만두고 이 사업에 뛰어들 것을 추천해."

부업 소득이 본업 소득을 넘어서는 시점, 즉 파이프라인이 어느 정도 갖추어진 시점에 네트워크 마케팅 사업으로 전업하는 것이 좋다는 유신의 말은 많은 경험에서 나온 현실적인 조언이었다.

"물론 예외는 있어. 주부들은 처음부터 전업으로 시작하는 것이 좋아. 남편이 주 소득을 벌어다 주기 때문이지. 네트워크 마케팅 사업도 한 달에 50만 원, 100만 원 정도의 소득은 빠른 시간에 만들 수 있어. 주부들은 이 정도 꾸준한 수입만 올려도 가정 살림에 도움이 되기 때문에 주업으로 뛰어들 것을 권하고 있어!"

"그럼 나도 부업으로 시작해서 전업으로 확장할 수도 있겠네?"

"네트워크 마케팅 사업은 조직을 만들고, 네트워크 마케팅 사업을 배우는 시간이 분명히 필요해. 직장을 다니면서 퇴근 시간, 그리고 주말에 시간을 내서 조금씩 키워나간다면 혹시나 직장을 그만두어야 할 시점에서는 든든한 본업이 되어 있을 거야."

아직 유신에게는 내가 이번에 명예퇴직 명단에 들어가 있다는 사실을 알리지 않았다. 항상 언제 정리될지 모르는 불안감 속에서 탈출할 기회가 될지도 모른다는 생각에 부업 플랜으로써 네트워크 마케팅 사업을 고민해 보기로 했다. 치과의사도 이 사업을 하고 롤 모델로 여기는 최 사장도 이 사업을 하는데…….

'나도 파이프라인을 구축해 놓아야겠어. 큰돈 들어가는 것도 아니니 손해날 것 같지도 않고……, 어차피 유신이 있으니까 잘해줄 거 아니야. 한번 시작해볼까?'

—— 제2장 ——

왕초보
네트워커를 위한
성공적인 첫걸음

NETWORK MARKETING

Network Marketing

회사 선정까지는 치밀하게,
선정 후에는 경주마처럼

지인을 보고 결정하면 반드시 후회한다

"유신아. 여기야!"

고민 끝에 부업 플랜으로 사업을 한번 시작해보겠다는 결론을 내리고, 유신에게 커피숍에서 만나자고 했다.

"그동안 많이 고민했는데, 어제 결정했어. 유신 사장과 부업 플랜으로 사업을 같이 시작하기로 말이야. 앞으로 잘 도와줘."

이 이야기를 들으면 유신이가 뛸 듯이 기뻐할 줄 알았는데, 오히려 그의 낯빛은 어두워졌다.

"유신 사장, 내가 뭐 잘못했어? 나는 유신 사장이 뛸 듯이 기뻐할 줄 알았는데, 지금 표정을 보니 그렇지만은 않은 것 같네?"

고민하던 유신 사장은 아주 조심스럽게 이야기를 꺼냈다.

"김 부장, 장고의 고민 끝에 나와 사업을 하겠다고 결정해준 것은 정말 고마워. 진심으로 말이지. 하지만 김 부장은 대부분 실패하는 네트워커들이 저지르는 첫 번째 실수를 하고 있어."

"실수라니?"

"오해하지 말고 들어. 난 김 부장이 나를 보고 사업을 결정하는 것이 아닌, 회사를 정확히 판단하고 결정했으면 좋겠다는 거야. 실패한 네트워커 중 상당수는 자신에게 사업을 전달한 사람을 보고 사업하는 경우가 대부분이야. 그 사업이 제대로 된 사업인지, 그리고 나에게 맞는 사업인지, 내 역량이 잘 발휘될 수 있는 사업인지, 회사가 재정적으로 튼튼해서 오래 갈 수 있는지를 꼼꼼히 따져보고 사업을 결정해야 하는데, 지인만 믿고 무작정 시작하는 거지. 지인이 자신의 미래를 책임져주지 않을 건데 말이야."

말을 듣고 보니 이 회사에 대해서 제대로 아는 것이 없었다. 그냥 유신이가 사업에서 성공했고, 믿는 최 사장이 좋은 사업이라고 해서 흥미를 느끼게 된 것이니 말이다.

"김 부장, 만약 김 부장이 커피숍을 하나 차린다고 생각해 봐. 그럼 어떻게 사업을 준비할 거지?"

"당연한 질문을 왜 해? 적어도 억 단위의 돈이 들어갈 텐데, 그 회사가 얼마나 튼튼한지, 다른 체인점은 장사가 잘되는지, 어느 곳에서 장사해야 돈을 많이 벌지를 아주 꼼꼼히 따지고 결정하지 않을까?"

"맞아, 커피숍을 차린다면 그렇게 꼼꼼해질 사람이 왜 네트워크 마케팅 사업을 선정할 때는 그 꼼꼼함이 발휘되지 않는 거야?"

순간 망치로 머리를 언어맞은 것 같았다. 네트워크 마케팅 사업은 커피숍만큼 큰돈이 들어가지 않으니 잃을 것도 없겠다고 안일하게 생각했던 나 자신이 부끄러워졌다.

"김 부장, 네트워크 마케팅 사업이 초기 투자금이 적다고 해서 우습게 보고 사업을 시작하면 반드시 실패하게 되어 있어. 네트워크 마케팅 사업은 커피숍보다 투자금은 적지만, 훨씬 큰돈을 벌 수 있는 멋진 사업이야. 2대 상속까지 되고 말이지."

"2대 상속까지 된다고? 그럼 내가 죽으면 내 자식이 내가 만든 조직의 매출을 받는다는 거야?"

"그래, 맞아. 대부분 네트워크 회사의 경우 상속은 의무화되어 있어. 물론 회사가 수십 년을 살아남아야 한다는 전제 조건이 있기는 하지만 말이야. 내가 충고하고 싶은 말은 회사 선정은 단순히 지인 때문에 하는 것이 아니라, 본인의 정확한 판단으로 해야 한다는 거야."

회사는 최대한 신중하게 선정한다

"'회사 선정까지는 치밀하게, 선정 후에는 경주마처럼 옆도 보지 말고 달려가라.' 내가 김 부장에게 하고 싶은 말이야. 실패하는 네트워커들은 처음 회사를 선택할 때 신중하지 않았기 때문에 중간에 다른 회사를 기웃기웃하는 경우가 비일비재해. 뿌리가 없으니 주위 사람들의 말에 많이 흔들리고, 결국에는 다른 회사에 갔다가 돈만 더 투자하고 망하는 경우가 많아. 3~4개 회사 돌아다니다가 실패하고 이렇게 말하지. '네트워크 마케팅 사업은 돈만 잃는 나쁜 사업이다.' 하고 말이야."

주위에서 네트워크 마케팅 사업에 실패하는 사람을 많이 보았다. 이들이 항상 하는 이야기는 유신이 한 이야기와 같았다.

"실제 실패하는 네트워커의 80% 이상의 패턴이기도 해. 그래서 회사 선정 단계에서 치밀함이 제일 중요한 거야. 회사를 제대로 선정하고, 선정 후에는 '우리 회사가 최고야!' 하고 달려 나가기만 하면 돼. 그러면 네트워크 마케팅 사업의 성공률이 매우 높아져."

"그러면 성공적인 사업을 위해 회사 선정 기준을 제시해줄 수 있을까? 나같이 사업을 처음 시작하는 사람들에게 줄 수 있는 '왕초보 네트워커를 위한 회사 선정 가이드' 같은 것이 있을까?"

One Point Lesson 12

왕초보 네트워커를 위한 회사 선정 가이드 5

 회사 선정은 사업의 첫 단추를 끼우는 것과 같다. 회사가 없어져 버리면 권리소득이고 뭐고, 아무것도 남지 않는다. 그동안 다져온 모든 노력과 조직이 한 번에 날아가 버린다. 반면 회사는 좋은데, 내게 맞지 않는 사업을 시작하면 고생만 하고 돈은 벌지 못한다. 다섯 가지 기준을 적용해서 나에게 꼭 맞는 회사를 신중하게 선정하자.

가이드 1 | 글로벌 회사 vs 국내 회사

많은 네트워커가 글로벌 회사 즉, 해외에서 들어온 회사를 선호하는 경향이 있다. 글로벌 기업은 해외에서 오랜 기간 안정적인 매출과 제품의 품질로 인정받았고, 글로벌 표준 기준으로 사업을 진행하기 때문에 보상 플랜이 잘 바뀌지 않는다는 것은 큰 장점이다. 하지만 국내에서 매출이 저조하면 쉽게 철수하는 경우가 있다. 건강기능식품의 경우, 미국 식약청과 한국 식약청의 기준이 달라 같은 회사라도 미국 제품과 한국 제품이 다른 경우도 있다. 때로는 우리나라 사람들이 글로벌 기업을 선호하는 특성을 활용해서 한국 사람이 미국에 법인을 내고 다시 한국으로 들여와 글로벌 기업처럼 이야기하는 경우도 많으니 역사와 전통이 있는 기업을 선택하는 게 좋다.

국내 기업은 몇몇 네트워크 꾼들이 적은 자본으로 회사를 만들어 한탕주의를 벌이는 경우가 많았다. 그래서 '국내 회사는 믿을 것이 못 돼'라는 부정적인 편견이 생기기도 했다. 하지만 최근에는 애터미와 같이 1조 원 가까운 매출을 만드는 국내 기업이 생겨났고, 글로벌 기업을 압도하는 신생기업들도 생겨나고 있다. 이들 기업은 우리나라 정서와 우리 국민에게 맞는 제품을 만든다는 것과 의사 결정이 빨라 위기 대처 능력이 좋다는 장점이 있다. 해외로 진출할 경우, 각 나라를 자신의 레그로 붙일 수 있어 이들이 만든 매출을 내가 공유받을 수 있다는 매력적인 장점도 있다. 무조건 유명하다고 선호하기보다는, 글로벌 회사와 국내 회사의 장단점을 정확히 파악하고 자신에게 맞는 회사를 선택하는 것이 중요하다.

가이드 2 | 회사 자본금은 최소 30억 원 이상

자본금이란 회사의 생존에 있어 가장 필수적인 요소다. 자본금이 많으면 회사의 체력이 좋고, 제품 투자에 적극적일 수 있다. 그런데 대한민국 네트워크 마케팅 회사의 상당수는 자본금 5억 원으로 런칭을 한다. 직접판매 공제조합과 특수판매 공제조합 인가를 위해서는 최소 자본금 5억 원이 필요하기 때문이다.

자본금 5억 원을 가지고 사업을 시작한다는 것은 사실 도박에 가깝다. 사무실 개설하고, 제품 2~3개 개발하면 통상 1년을 버티기 힘든 금액이다. 결국, 런칭 초기에 사업자가 생각만큼 모이지 않으면 결국 몇 개월 만에 폐업한다. 폐업하면 열심히 사업을 펼친 사업자가 그 피해를 고스란히 떠안을 수밖에 없다. 그래서 적어도 3년 이상은 버틸 수 있고 제품 개발을 충분히 할 수 있는 수준의 자본금을 갖춘 회사를 선정하는 것이 매우 중요하다. 그 금액의 최소단위는 30억 원이다. 평생을 같이갈 회사를 고르는 만큼 자본금은 꼭 점검하자.

가이드 3 | 생필품과 아이템 제품군 보유 여부

네트워크 마케팅 회사는 주력 제품이 있다. 이 회사만이 만들어낼 수 있는 제품을 '아이템 제품'이라고 한다. 암웨이의 뉴트리라이프, 애터미의 헤모힘, 뉴스킨의 갈바닉 등이 이에 해당한다. 보통 아이템 제품은 다른 회사와 큰 차별점을 가지고 있어 빠른 인지도 확보는 물론, 매출 확대에도 큰 도움을 준다. 초기 런칭하는 회사는 이 아이템 제품을 가지고 1년에서 2년 정도 사업하는 것이 보통이다. 하지만 아이템 제품은 재구매와 영속성을 보장하지 못하는 경우가 많다. 그래서 재구매가 활발히 이루어질 수 있는 생필품 라인이 반드시 필요하다. 대부분 회사에서 치약, 칫솔, 세제를 만드는 이유가 바로 이 때문이다.

제품 개발 속도도 점검해야 한다. 몇 개의 제품을 만들어 놓고 세월아 네월아 하는 기업이 상당수다. 이런 기업에게 내 소중한 인생과 조직을 바친다면 2대 상속은커녕 애써 만들어 놓은 조직까지 한 번에 물거품이 될 수 있음을 명심하자.

가이드 4 | 설립한 지 최소 1년 이상 된 회사

네트워크 마케팅 사업은 피라미드 조직 구조이다. 결국, 초기에 사업에 합류하면 피라미드의 꼭대기에 배치되고 더 많은 소득을 얻을 기회를 얻게 된다. 이를 전문 용어로 '선점'이라고 한다. 많은 네트워커가 선점을 위해 신생 회사로 불나방처럼 몰리는 경향이 있다. 하지만 신생 네트워크 마케팅 회사의 50%는 1년도 안 돼서 폐업한다. 결국, 최근에 설립된 회사 선점은 50% 확률의 도박이 되어 버린다. 그래서 회사를 잘못 선택할 확률을 최소화하면서도 선점의 기회를 노릴 수 있는 시점을 제시해본다. 바로 회사가 설립된 지 1년이 지난 시점이다.

1년이라는 기간은 그 회사를 검증할 수 있는 최소한의 시간이다. 이렇게 하면 일단 초기에 반드시 겪는 시행착오를 피하거나 줄일 수 있다.

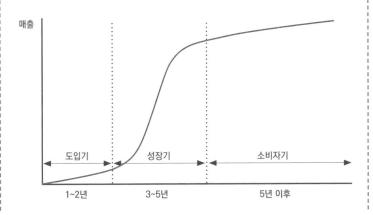

또한, 회사가 초기에 약속한 부분을 성실히 이행했는지, 그 회사의 1년 매출은 얼마인지, 제품 반응은 어떤지를 충분히 파악할 수도 있다. 초기 1년의 성과가 좋았다면 앞으로의 가능성을 믿고 뛰어들어도 된다.

세계적인 네트워크 마케팅 컨설팅 기관에서 만든 도표를 참고해보면, 모든 회사는 설립 1년에서 길게는 2년까지 '도입기'를 거친다. 매출 성장 속도도 느릴뿐더러 사업자 구축 속도도 느리다. 본격적인 회사의 성장은 회사 설립 후 3년 이후부터 이루어진다. 즉, 네트워크 마케팅 부자는 회사 설립 후 3년 이후부터 발생한다는 것이다. 그러니 실패 확률은 줄이고 선점 타이밍을 잡을 수 있는 1년 이후 시점을 골라 회사를 선택하는 것이 현명하다.

가이드 5 | 자신의 연령과 역량에 맞는 회사를 선택

회사가 아무리 튼튼해도, 회사가 아무리 많은 제품을 가지고 있더라도 내가 사업을 잘해서 수익이 나야 의미가 있다. 그래서 자신의 강점을 살릴 수 있는 가장 적합한 회사를 고르는 것이 무엇보다 중요하다.

먼저, 그 회사의 주력 연령층과 성별을 따져볼 필요가 있다. 주력 연령층은 본사 사업설명회에 가보면 파악할 수 있다. 치약, 칫솔, 세제 등 생필품을 다루는 회사의 주력 연령층은 50대부터 70대까지 높은 편이다. 소비자를 만들어 10만 원, 20만 원 용돈 벌이를 하고자 하는 분들이 사업에 참여하는 경우가 많기 때문이다. 반면, 화장품을 주력으로 하는 회사의 경우, 20대 후반에서 40대 초반까지의 젊은 여성 사업자가 많다. 건강기능식품을 주력으로 가진 회사의 경우는 제품의 특성에 따라 차이가 있다. 다이어트 제품을 가진 곳은 40대 미만의 젊은 사업자가 많고, 면역, 치유 목적의 건강기능식품을 위주로 판매하는 회사는 50~60대의 사업자가 많은 것이 특징이다.

사업에서 주력 연령층이 중요한 것은 바로 사업 성공의 주된 영향을 미치기 때문이다. 20대 초반의 팔팔한 남자가 당뇨에 좋은 건강기능식품을 판다고 생각해보자. 아마 자신도 제품의 필요성을 못 느낄뿐더러 주위 사람들도 다들 20대일 테니 제품 전달이 어려울 수밖에 없다. 실제로 50대의 투박한 외모의 남성이 여성 화장품을 위주로 하는 네트워크 마케팅 사업을 하면서 〈유신 TV〉를 통해 어려움을 토로한 적이 있다. 답변은 명료했다.

'사장님에게 맞는 사업을 진행하세요.'

인생의 중요한 순간, 지금이 결단해야 할 때

"김 부장, 지금까지 이야기했던 사항들을 모두 꼼꼼히 검토해주었으면 좋겠어. 지금부터 시작하는 이 사업은 김 부장의 노년을 책임지고, 다음 대에게 상속이 가능한 큰 자산을 쌓아 나가는 사업이야. 그러니 사업 결정까지는 아주 신중하게 행동했으면 해. 물론 결정을 하게 되면 그때부터는 경주마처럼 앞만 보고 달려나가면 되지. 이번 주말까지 하나하나 꼭 검토한 후, 답을 들려줘. 그리고 결단을 하면 돼."

"결단?"

"그래, 결단. 인생을 바꿀 수 있는 결단을 말이지."

집으로 돌아와서 한참 고민을 하기 시작했다. 사실 처음에는 투자금액도 많지 않고, 부업을 시작해야 하는 상황이라 가벼운 마음으로 사업을 하겠다고 이야기했다.

그런데 인생에서 가장 중요할 수 있는 결단이라는 유신의 말 덕분에 사업에 대해서 진지하게 고민했다. 그리고 회사에 대해서 하나하나 분석하고 검토하는 시간을 가졌다. 남은 3일간 고민에 고민을 한 후, 나는 '결단'을 했다. 그리고 유신 사장에게 전화했다.

=== One Point Lesson 13 ===

네트워크 마케팅 회사의 변천사 마스터하기

네트워크 마케팅 사업으로 성공하려면 네트워크 마케팅 사업의 역사에 대해서도 알아두자. 네트워크 마케팅은 약 80년의 역사가 있다. 소비자 중심의 브레이크 어웨이 보상 방식을 기반으로 전 세계 10조 원의 매출을 올리고 있는 공룡 기업 암웨이를 1세대로 정의한다면, 이후 네트워크 마케팅의 역사를 탄탄하게 만든 뉴스킨, 허벌라이프 등 굵직한 글로벌 기업들이 보상을 더욱 발전시켜 2세대를 맡고 있다.

최근 10년 이내에 등장한 회사 중 바이너리 방식이라는 새로운 보상 기법을 기반으로 다진 애터미, 시크릿 등의 3세대 회사까지 네트워크 마케팅은 숨 가쁘게 발전해왔다.

1세대, 2세대, 3세대 기업들은 각각 장단점이 있다. 1세대, 2세대 회사의 브레이크 어웨이 방식은 소비자를 하나하나 쌓아가는 구조이기 때문에 한 번 구축해 놓으면 쉽게 무너지지 않는다는 장점이 있다. 하지만, 어느 정도의 수익이 나오기 전까지 몇 년간의 노력은 감수해야 하며, 산하에서 나오는 매출 대비 보상이 적다는 단점이 있다. 초기 선점자들은 네트워크 부자가 되어 큰 노력 없이도 많은 소득을 올리고 있지만, 새롭게 진입하는 네트워커들은 다이아몬드 이상의 직급자가 나오기까지 적게는 5년에서 8년까지 걸리는 것이 보통이다.

반면, 바이너리 방식은 브레이크 어웨이 방식에서 6줄 또는 12줄로 줄을 세워 계보도를 만드는 것과 달리 이를 두 줄로 내리는 것이기 때문에 사업 구축 속도가 매우 빠르다. 사업자 구축만 잘하면 초기에 큰돈을 벌 수 있고, 직급 승급도 매우 빨라 초보자들이 시작하기에는 브레이크 어웨이보다 사업 난이도가 낮다. 하지만 치명적인 단점도 있다. 바로 사업자를 찾는 마케팅 방식에 의존하다 보니, 사업자를 찾지 못하는 시점에서는 수익이 불안정해진다. 특히, 회사의 성장이 정체기로 들어서면(보통 5년) 사업자를 찾지 못하고, 결국 수익이 나지 않는 사업이 되어버린다.

다이아몬드 사업자도 바로 최초 직급으로 떨어질 수 있는 롤러코스터 같은 사업이 바로 바이너리 방식이다. 재미있는 사실은 브레이크 어웨이 방식과 바이너리 방식을 근간으로 하는 회사들이 서로의 약점만을 꼬집어 비판한다는 것이다. 그리고 자사의 약점을 마치 약점이 아닌 듯이 포장해 혼선을 준다. 그러니 무엇보다 자신에게 맞는 보상 방식의 회사를 스스로 알아보고 객관적으로 판단하는 것이 매우 중요하다.

바이너리와 브레이크 어웨이 방식에 대해서는 뒤쪽에서 좀 더 자세히 다루었으니 참고하자.

왕초보 네트워커의
성공적인 첫발 내딛기

카톡 그룹 방부터 참여하자

"김 부장, 아니 김 사장님. 사업 참여를 진심으로 축하합니다. 본사에서 보니 정말 색다른 기분이네. 이제부터 진짜 제대로 사업해보자."

본사에서 만난 유신은 나를 보고 반갑게 인사했다.

"하하하, 갑자기 존칭은……. 사장이라는 말이 정말 어색한데?"

"차차 익숙해져야지. 앞으로 수백, 수천, 수만 명 사업자의 스폰서가 될 건데."

사업을 결정한 지 둘째 날, 저녁에 진행하는 직장인을 위한 사업설명회가 있어 본사에 찾아왔다. 오늘 사업설명회 발표자는 김유신 사장이었는데, 강의장을 꽉 채운 사람들을 보고 깜짝 놀랐다. 강단 위에서 있는 김유신 사장의 모습은 지금까지 내가 알아 왔던 사람이 맞는지 의심이 갈 정도로 다른 모습이었다. 강의가 끝난 후 수많은 사람이 김유신 사장과 사진을 찍고자 줄을 섰다. 김유신 사장이 운영하는 유튜브 채널인 〈왕초보 네트워커를 위한 성공 채널 – 유신TV〉를 보고 네트워크 마케팅 사업을 배운다며 많은 팬이 사진을 요청했다.

그 모습을 보면서 부럽다는 생각을 했다.

'돈도 많이 버는데, 완전 스타네. 나도 저렇게 되고 싶다. 부럽다!'

사업설명회가 끝난 후, 한참 후에야 김유신 사장을 만날 수 있었다.

"고생 많았다. 정말 많은 사람이 오네. 깜짝 놀랐어."

"고생은 뭐, 많은 분이 오시니까 행복할 따름이지. 저분들도 김 사장과 같은 직장인이야. 부업으로 사업에 성공해보겠다고 퇴근하고 이 늦은 시간까지 공부하는 열정적인 분들이지."

"정말 많은 사람이 네트워크 마케팅 사업을 부업으로 준비하고 있었구나. 혹시 나는 너무 늦은 것 아니야?"

늦은 저녁까지 많은 사람이 사업 설명회에 참여하며 열심히 사업에 몰두하고 있는 모습을 보니, 너무 늦게 사업을 시작한 것이 아닌가 하는 걱정이 들기 시작했다.

"허허허! 쓸데없는 걱정이야. 내가 이전에 이야기했지? 우리가 나이 들었을 때까지 사라지지 않을 직업이 바로 네트워크 마케팅 사업이라고."

"나도 그래서 사업을 시작한 거야! 늙어서 떵떵거리며 살려고. 그럼 스폰서님! 저 같은 왕초보 네트워커는 무엇부터 시작하면 될까요?"

"이제 사업을 본격적으로 시작해볼까? 먼저 우리 카톡 그룹 방부터 들어와."

"카톡 그룹 방?"

"응, 네트워크 마케팅 사업에서 카톡 방은 정말 중요해. 이 사업은 무점포 사업이기 때문에 사업장이 없는 것이 특징이잖아. 그래서 그룹별로 카카오톡 단체방을 개설하고 이를 가상 오피스로 활용하고 있지. 소속감을 증진하고 그룹원들의 정보 공유는 물론, 출퇴근까지 카카오톡으로 공유하고 있어."

카톡 그룹 방에 들어가니 800여 명의 사람이 멤버로 가입해 있었다. 가입하자마자 김유신 사장이 글을 남겨 주었다.

'소개합니다. 제 지인이자 어제 사업을 결정하신 김의심 사장님입니다. 앞으로 많은 도움을 부탁드립니다.'

글을 남기자마자 가입 축하 인사가 줄을 이었다. 순식간에 100여 개가 넘는 가입 축하 메시지가 올라왔다.

'김의심 사장님, 부의 공동체에 오신 것을 환영합니다!'

'김의심 사장님, 저와 함께 쏠렉에서 부자 되세요!'

"허허허! 많은 분이 정말 반겨주지. 여기 모두가 앞으로 김 사장을 도와줄 사람들이야."

"우와, 대단한데! 사업을 시작했다는 사실이 갑자기 실감 나네."

"그래, 이제부터 김 사장은 이 카톡 방을 자신의 오피스라고 생각하고 매일 출근하고 퇴근하는 거야. 앞으로 이 세 가지는 매일 반복해서 해줘!"

1) 아침에 일어나면 '굿모닝'을 외쳐주고 내가 오늘 사업을 시작했다는 것을 공유한다.

2) 미팅 사진, 시스템에 참여할 때 사진 등을 올려준다.

3) 일과가 마무리되면 자신의 성과를 정리해서 올린다.

"잠시 예비 사업자와의 후원 미팅이 있으니까 카톡을 보면서 기다려줄래?"

"그래, 얼른 다녀와!"

불과 30분 사이에 수많은 글이 올라왔다. 특히, 미팅을 하는 사진들이 수없이 올라왔다. 현재 어디서 누구와 미팅을 하고 있고, 사업자

리크루팅이 성사되었다는 이야기가 주된 내용이었다. 누군가 승급을 했다고 올리니 축하한다는 내용의 격려 메시지, 회사에서 공식적으로 제공하는 정보, 지역별 사업설명회 날짜와 시간 등 이 짧은 시간 동안 100여 개의 글이 올라왔다.

'아, 네트워크 마케팅 사업은 이렇게 하는 거구나. 나도 앞으로 활동하면서 모든 내용을 여기에 올려야겠다!'

"김 사장, 카톡 열심히 보고 있었구나. 어때? 사람들이 굉장히 열정적으로 사업을 하고 있지?"

"정말 대단한걸! 이렇게 많은 사람이 전국에서 일하고 있을 줄은 몰랐어. 나도 분발해야겠다는 생각이 들어."

"그렇지! 카카오톡은 전국에서 활동하는 모든 사업자의 현황과 활약상을 한 번에 볼 수 있어! 꾸준히 보다 보면 회사의 사업은 어떻게 돌아가는지, 성공하는 다른 사업자들은 어떻게 사업하는지까지도 배울 수 있어. 특히, 카톡에서 눈에 띄는 활약을 하는 분들이 실제로 사업도 잘하는 분들이야. 오늘부터 카톡을 통해 열심히 활동하는 사람을 보면서 배우고 그대로 따라 해봐."

"응! 꾸준히 보면서 따라 해 볼게."

'시스템'에 적극적으로 참여하자

"자, 사업에 입문하면 다음 할 일은 본사에서 진행하는 사업설명회,

제품 교육, 사업자 교육 등에 열심히 참석하는 거야. 이를 시스템이라고 하지."

"시스템?"

"응, 시스템이란 사업자가 어떻게 해야 사업에 성공하는지를 알려주는 일종의 교육 과정이야. 예를 들어, 우리가 치킨 프렌차이즈에 가맹을 했다고 가정해 봐. 그러면 본사에서 바로 점주 교육이 시작돼. 치킨 튀기는 법부터 포장하는 법, 심지어는 매장 청소하는 법까지 다 배워야 하지. 네트워크 마케팅 사업도 똑같아. 내가 사업을 시작했으면 어떻게 사업을 진행해야 하는지를 배워야 해. 명단 작성법부터 리크루팅, 강의 방법 등을 배우는 거지."

One Point Lesson 14
네트워크 마케팅 기업의 시스템 종류

네트워크 마케팅 사업에서 가장 중요한 것이 바로 시스템이다. 왕초보 네트워커가 사업에 참여한 후, 어떻게 사업을 진행해야 할지 방향을 제시하는 시스템은 회사별로 차이가 있지만, 총 6가지로 구분한다.

1) 사업설명회

회사에서 인정한 최고의 강사가 진행하는 사업설명회는 회사를 배울 수 있는 최고의 기회이자, 신규 리크루팅을 위한 가장 좋은 도구로 활용된다. 보통 본사와 각 지방 센터를 통해서 정기적으로 진행되는 것이 특징이다.

2) 조회

본사에서 일주일에 한 번 진행하는 조회는 회사 창업자의 스피치, 회사의 중요 공지 등을 발표하는 공식적인 회사 스케줄이다.

3) 제품 교육

회사의 주요 제품에 대한 마케팅 포인트와 데모 방법 등을 알려주는 교육으로 매주 정기적인 강좌가 열린다.

4) HOW TO 교육

사업 방법에 대해서 알려주는 교육으로, 왕초보 사업자라면 꼭 모든 과정의 수강을 끝내야 한다. 프랜차이즈 본사에서 진행하는 초보 사업자 교육이라고 생각하면 정확하다.

5) 1박 2일 또는 원데이 세미나

회사 행사가 아닌 그룹 차원의 행사가 대부분이다. 월 단위로 진행하며, 1박 2일 행사의 경우, 오후 시간에는 직급자들의 성공 스피치부터 제품 교육 등이 진행되고, 저녁시간에는 핀 수여식이 진행된다. 핀 수여식은 네트워크 마케팅 사업에서 가장 중요한 행사로 이날 몇 명의 사업자가 참석했느냐에 따라 다음 달 그룹의 성과가 결정된다.

6) 컨벤션

회사의 가장 큰 행사로 보통 일 년에 두 차례 열리며, 가장 중요한 직급 인정식이 진행된다. 보통 다이아몬드 이상부터는 연단에 서서 스피치와 함께 모든 대중의 갈채를 받는다. 직급자들에게 턱시도와 드레스는 필수다. 자신을 가장 뽐내는 자리이면서 파트너들에게는 로망을 제시하는 자리이다.

"생각보다 시스템이라는 것이 많이 있네."

시스템이라는 것이 단순히 사업자 교육이라고 생각했는데 체계적으로 분류된 것을 보고 놀랐다.

"네트워크 마케팅 사업에 실패하는 사람들의 대다수는 바로 이 시스템에 들어와서 사업을 하지 않기 때문이야. 내가 어떻게 사업해야 성공할지를 모르면 그때부터 사업은 막연해지기 시작하고 감정적으로도 불안해져. 결국, 초기 투자 비용이 많이 들지 않으니까 사업을 중도에 포기하게 돼."

"아!"

"그래서 신규 사업자가 생기면 그때부터는 시스템에 합류시키는 데에 모든 총력을 기울여야 해. 김 사장도 시간이 될 때마다 회사의 시스템에 적극적으로 참여해."

"그래, 나도 이왕 사업을 시작했으니 이제부터는 시스템에 제대로 집중해 볼게."

흔들리지 않는 강력한 'WHY'를 만들자

"김 사장, 뜬금없는 소리지만 왜 네트워크 마케팅 사업을 하려고 해?"

"음……, 부자가 되고 싶어서. 내 가족이 호의호식하고 해외여행도 자주 가며 좋은 집에서 살고 포르쉐도 타고 싶어서 하지."

젊은 시절부터 로망이었던 빨간색 포르쉐를 생각하니 갑자기 행복해졌다.

"그래, 좋은 이유가 있네. 이처럼 자신이 네트워크 마케팅 사업을 해야 하는 이유, 이것을 'WHY'라고 해. WHY가 강할수록 네트워크 마케팅 사업에서 성공할 가능성이 매우 높아."

"강력한 동기부여 차원에서인가?"

"맞아, 우리가 인정해야 할 것은 네트워크 마케팅 사업은 대한민국에서 가장 천대받는 직업이라는 거야. 그래서 정신력을 강하게 부여잡고 사업에 임해야 해. 그 정신력의 핵심이 바로 'WHY'야. WHY가 강할수록 정신력이 강해지고, 결국에는 사업을 성공으로 이끄는 강력한 버팀목이 되지. 그래서 초보 사업자에게는 이 강력한 WHY를 끌어내주고, 항상 생각할 수 있게 도와주는 것이 필요해."

"음……, 일리가 있네."

대한민국에서 가장 천대받는 직업이라는 말에 갑자기 '어떻게 나한테 불법 피라미드를 같이 하자고 할 수 있냐'라며 사업을 전달하러 온 유신에게 따져 물었던 1년 전이 생각났다.

"내가 겪은 이야기를 하나 해 줄게. 우리 사업자 중 한 분이신데, 그 사장님은 사회 경험도 없었고, 숫기도 없으셔서 처음에는 네트워크 마케팅 사업에 적합한 분은 아니라고 생각했어. 그런데도 2년간 정말 열심히 사업을 진행하셨고, 결국 지난달에 다이아몬드 직급까지 성취하셨어. 그래서 내가 '어디서 그런 힘이 나오세요?' 하고 물어봤어."

"그랬더니 뭐라고 해?"

"엄청난 WHY가 있더라고. 애가 생겨서 어릴 적 결혼했는데 결혼 생활이 평탄치가 않았다고 해. 남편이 폭행까지는 아니었지만, 폭언을 입에 달고 사는 사람이었고 돈을 풍족하게 벌어다 주는 유형도 아니었데. 그래서 결혼 생활이 하루하루 지옥 같았다고 해. 그런데 우리 사업을 접하고 나서, 자신이 경제적으로 독립할 수 있을 때 꼭 이혼하고 아이를 제대로 키우겠다고 결심하신 거야. 그리고 그 2년을 버티셨고, 결국 월 1,000만 원의 수익을 내는 다이아몬드가 되신 거지."

아픈 사연을 강력한 동기부여로 승화시킨 여 사장님의 이야기를 듣고 나니 나만의 강력한 WHY를 만들어야겠다는 생각이 들었다.

"네트워크 마케팅 사업을 시작하는 분들에게는 정말 다양한 WHY가 있어. 아이 학원을 하나라도 더 보내기 위해 월 50만 원을 추가로 벌고자 하는 사람, 부모님 용돈을 더 드리기 위해서 사업하는 사람, 가족들과 해외여행을 자주 가기 위해 사업하는 사람들이 있지. 이분들의 강력한 WHY는 세상 사람들의 부정적인 시선에도 꺾이지 않아. 그래서 월 1,000만 원의 소득도 훨씬 빠른 시간 안에 이루어내지."

목표 소득부터 결정하자

"강력한 WHY를 정했으면 이제 소득 목표를 설정할 거야. 김 사장은 한달에 얼마의 소득을 목표로 이 사업을 진행할 거야?"

"아직 구체적인 금액은 생각해보지 않았는데?"

"실패하는 네트워커들이 많이 저지르는 실수 중 하나가 소득 목표를 막연하게 잡는 거야. 목표가 막연하면 이루는 길도 막연해져."

"그렇다면, 부업일 때는 월 300만 원, 전업일 경우는 월 1,000만 원은 넘었으면 좋겠어."

"김 사장, 지금 회사에서 받는 월급이 얼마 정도 돼?"

"허허, 갑자기 월급은 왜? 직장인의 자존심이자 비밀사항이잖아."

"부업과 주업의 기준이 바로 현재의 수익이기 때문에 물어본 거야."

"한 월 500만 원 정도로 해두지."

"좋아, 부업이 주업을 넘어서는 월 500만 원을 초기 목표로 하고 최종 목표를 월 1,000만 원으로 잡자."

그러나 최종 목표가 월 1,000만 원이라는 말에 조금 실망스러웠다.

"생각보다 목표를 작게 잡는 것 같아. 네트워크 마케팅이 수익도 벌 수 있는 사업이라고 하지 않았어?"

"허허허, 살면서 월 1,000만 원 월급을 벌어본 적 없을 거야. 지난 번에도 이야기했지만, 대기업 임원이 되어야 이 정도의 월급을 받을 수 있어. 그런데 네트워크 마케팅 회사에는 월 1억 원 이상의 소득을 얻는 일명 네트워크 마케팅 부자들이 상당수 존재해. 월 1,000만 원 소득자는 훨씬 더 많고 말이야. 그런데 이들이 이 소득을 얻기까지는 피나는 노력과 시간이 투자되었을 거야. 실패하는 네트워커들의 상당수는 이들의 성공한 겉모습만 보고 막연히 사업을 시작했다가 월 100만 원도 안 되는 수입 때문에 사업을 그만두는 경우가 상당수야.

그래서 1차, 2차, 3차, 최종 소득에 대한 목표를 정확히 세우고, 이에 맞춘 자신만의 계획을 세워서 움직이자는 거야. 성공 확률을 높이기 위해서 말이지."

생각해보니 월 1,000만 원의 소득은 연봉으로 따지면 1억이 넘는 엄청난 금액이었다. 지금까지 살면서 한 번도 벌어보지 못한 큰 액수를 쉽게 이야기한 것 같아 부끄러워졌다.

"그래, 맞는 말이네. 그럼 나는 일단 부업으로써 의미 있는 급여인 월 100만 원을 첫 목표로 정하고, 2차 목표는 월 200만 원, 내 주업 소득을 넘어서는 월 500만 원을 다음 목표, 그 목표가 성취되면 월 1,000만 원 소득을 목표로 해서 단계적으로 이루어나가 보겠어."

"좋아, 거기에 하나 더. 반드시 달성 일시도 적어야 해. 그리고 향후 스폰서와 이 소득을 벌기 위한 계획을 상담하고 사업을 시작하면 돼."

유신의 말대로 차례대로 나의 목표와 달성 일시를 적어보았다.

"정말 멋져! 구체적인 소득 목표가 생겼으니 이제 앞으로 집중할 일만 남았어."

"알겠습니다, 스폰서님!"

유신이와 나의 소득 목표를 정하고 나니 갑자기 가슴이 벅차올랐다. 최대한 빠른 시간 내에 월 1,000만 원 소득까지 집중하겠다는 결심을 하면서 집으로 돌아왔다. 명예퇴직 대상자, 앞으로 먹고 살길이 막막했던 나에게 새로운 희망의 빛이 살짝 보이기 시작했다.

제3장

다이아몬드까지
달리기 전에
신발 끈을 조이자

NETWORK MARKETING

Network Marketing

우리 회사
완벽하게 파악하기

제품을 과용해보자

벅찬 마음을 안고 집에 돌아오니 커다란 박스 두 개가 택배로 와 있었다. 회사 가맹과 동시에 오는 초도 물품이 드디어 집에 도착한 것이다. 그런데 물품을 보니 갑자기 덜컥 겁이 나기 시작했다. 그리고 이런저런 생각이 들기 시작했다.

'내가 과연 잘한 선택일까?, 내가 정말 잘할 수 있을까?, 괜히 돈만 날리는 거 아닐까?, 다른 직장을 알아보는 것이 낫지 않을까?, 지금이라도 반품하고 포기할까?'

물품 박스를 뜯지도 못하고 밤새 끙끙거리며 고민을 했다. 그런데 더 큰일은 후에 벌어졌다. 아내가 집으로 배달온 택배 박스를 보고 난리가 난 것이다.

"여보! 이거 뭐야? 이 박스는 뭐냐고?"

"아, 내 친구 유신이라고 있는데, 그 친구가 네트워크 마케팅 회사에서 성공했거든. 그래서 나도 부업으로 시작해보려고……."

"아니, 그럼 나하고 상의를 했어야지. 당신 혼자 결정하는 법이 어딨어? 그리고 이 물품이 모두 얼마치야?"

"사업자가 되려면 200만 원 초도 비용을 내야 한다고 해서 카드로 18개월 결제했어."

"김의심! 당신 미쳤어? 200만 원이 어느 집 애 이름인 줄 알아? 상의도 안 하고, 잘 알지도 못하는 회사 제품을 덥석 사고 말이야. 당장 환불해!"

아직 내가 명예 퇴직자 후보라는 것을 모르는 아내는 밤새도록 환불하라며 바가지를 긁어댔다. 환불 안 하면 이혼한다고 으름장까지 놓으면서 말이다. 가지고 다니던 카드도 빼앗겼다. 택배 박스를 보니 가뜩이나 사업에 대한 자신감이 떨어졌는데, 아내까지 저런 반응이니 갑자기 사업에 대한 확신이 없어졌다. 유신에게 사업을 그만두겠다고 어떻게 이야기하나 고민에 고민을 거듭했다.

결국은 고민에 대한 해답을 내리지 못한 채, 무거운 마음으로 저녁에 열리는 직장인을 위한 사업 교육에 참여했다.

"김 사장, 오늘도 참석했네. 오늘은 소개해 줄 사람이 있어. 김 사장의 스폰서 라인에서 가장 유능한 사람 중 한 명이야. 소개해줄게. 주주부 사장님?"

김유신 사장이 호출한 사람은 주주부라는 이름의 정말 아름다운 사업자였다. 올해 38세라고 하는데 20대 후반이라고 이야기해도 믿을 정도로 자기 관리를 멋지게 하고 있는 커리어우먼이었다.

"주 사장님, 여기 인사하세요. 이번에 사업을 새롭게 시작한 김의심 사장님입니다. 제 오랜 지인이기도 하고요. 사장님 파트너이신 최 사장님께서 모시고 오셨어요."

"아, 우리 완벽 미모 최 사장님이요? 안녕하세요! 주주부라고 해요. 앞으로 잘 부탁드려요."

"저도 잘 부탁드리겠습니다."

"주주부 사장님은 우리 그룹에서 최고의 사업 전문가이니까, 회사에 대한 모든 것을 특급 과외로 시켜주세요."

"네, 걱정 마세요! 오늘부터 초집중해서 마스터해 드릴게요."

주주부 스폰서의 소개가 끝난 후, 본격적인 회사 과외를 위해 테이블에 앉았다. 주주부 스폰서는 내 표정 하나하나를 뜯어보면서 갑자기 질문을 했다.

"김 사장님. 무슨 걱정 있어요?"

"헉, 주주부 스폰서님. 고민이 있는지 어떻게 아셨어요?"

"김 사장님 얼굴에 '나 걱정 있습니다'라고 쓰여 있는데 어떻게 몰라요?"

"아……, 그렇군요."

"제가 그 고민이 무엇인지도 맞혀 볼까요? 어제 사업 물품 받으셨죠? 그리고 그 물품을 보면서 '이 사업을 해야 할까?', '말아야 할까?', '잘한 짓일까?' 고민하는 거죠?"

밤새 고민했던 내용을 내 표정만 보고 알아맞히는 주주부 사장님의 얼굴을 빤히 바라보았다.

"와, 주 스폰서님. 돗자리 깔아도 되겠습니다."

"호호호, 사업을 결정한 후 사업 물품이 도착하면 대부분 사업자분이 겪는 고민이에요. 저도 그랬고요. '이게 잘한 짓인가?' 하고요."

주 스폰서님은 내 심정을 너무도 잘 알고 있었다.

"맞아요, 어제 저도 정확히 똑같은 생각을 했습니다. 게다가 아내의 반대가 굉장히 거세네요! 솔직히 사업을 해야 할지 말아야 할지도 고민이 됩니다."

"그러니 이 단계에서는 파트너 사장님에게 다시 한번 사업에 대한 확신을 심어 주는 것이 굉장히 중요합니다. 실제로 초도 물품이 도착한 후 많은 분이 사업을 그만두기도 하세요. 그래서 초도 물품이 도착하는 날에는 제품을 함께 시연하고 제품과 사업에 대한 확신, 그리고 사업의 비전을 전하는 시간이 필요해요. 제품에 대한 자세한 소개와 사용 방법을 알려주는 시간도 필요하지요."

사업 선택에 대해서 고민하던 내 모습이 비단 나에게만 해당하는 게 아니라는 말에 큰 안도감이 들었다.

"그러면 주주부 스폰서님. 저는 이제 사업을 어떻게 시작해야 할까요?"

"회사를 알아가는 작업부터 시작하셔야 합니다. 회사를 알면 알수록 네트워크 마케팅 사업을 더 잘할 수 있으니 말이지요."

"그렇군요. 그러면 제가 할 일을 알려주세요. 오늘부터 당장 시작하겠습니다."

"일단 제품을 과용하세요."

혹시 주 스폰서의 말을 잘못 들었나 싶어서 반문했다.

"제품을 애용도 아니고 과용이요?"

One Point Lesson 15
회사 제품을 활용하여 나부터 빛나게 변하자

같은 상품을 다루고 있는 두 점포가 있다면, 인테리어가 잘 되어 있는 집으로 발걸음이 가게 마련이다. 네트워크 마케팅 사업은 내가 점포가 되는 사업이다. 화장품 사업을 하고 있다면 내 피부가 빛날수록, 다이어트 제품을 다루는 회사라면 내가 날씬할수록 손님은 더 많이 들어오게 된다. 이를 위해서 사업 시작 후 바로 해야 할 일이 있다. 회사 제품을 과용하는 것이다.

일단 네트워크 마케팅 회사의 제품은 시중 제품보다 좋은 원료와 높은 원료 비율로 품질이 월등히 좋다. 결국, 네트워크 마케팅 회사의 제품은 어떤 회사의 제품이든지 좋을 수밖에 없고, 그만큼 효과는 빠르게 나타날 수밖에 없다.

사업을 시작했다면 사업 시작 직후, 도착한 초도 물품을 바로 개봉하고 정량의 최대치 또는 그 이상을 사용해보며 나의 변화를 끌어내야 한다.

1) 화장품

정량의 몇 배를 사용해도 문제가 없다. 과용하면 할수록 효과가 빠르게 나타나니 오늘부터 일반인 대비 몇 배를 사용하자.

2) 다이어트 제품

정량으로 진행하되 제품 내 가르시니아, 젖산균 등의 제품이 포함된 경우 정량의 2배까지 사용할 수 있다. 운동을 하루 30분 이상 꾸준히 병행하며 다이어트 효과를 극대화하자.

3) 건강기능식품

정량만 사용한다. 절대 기준치 이상 사용하지 않는다.

자세한 제품 사용 설명과 관련해서는 스폰서를 통해 듣거나 회사의 제품 강연을 참고하는 것이 좋다. 만약 시간 제약이 있다면 유튜브에 올라온 제품 설명 영상을 꼭 찾아본 후 사용하자. 정확한 제품 사용 방법을 모르고 사용하다가 부작용 및 효과를 보지 못할 수도 있기 때문이다.

"단순히 보이는 것도 중요하지만, 제품을 써보면서 회사에 대한 확신을 가지게 되고 사업에 몰입하게 되는 것이 바로 네트워크 마케팅 사업입니다. 이를 위해서 바로 제품 과용이 필요하지요."

"아, 주 스폰서님의 말씀 하나하나가 정말 이해가 갑니다. 집에 온 제품을 오늘 바로 뜯어서 과용을 시작해 봐야겠어요. 아직 제품 사용법을 몰라서 그러는데 주 스폰서님이 저 좀 도와주실 수 있나요?"

"예, 그럼요. 사모님 집에 계실 때 같이 뵈어요. 사업에 대해서도 여자 관점에서 이야기해 드릴게요! 사모님 설득은 제게 맡겨주시면 됩니다. 제가 제품 시연도 해드릴게요. 혹시 주위에 친하신 분들 있으시면 제가 가는 날 꼭 불러 주세요."

"그건 왜요?"

"제품 시연을 해드리면서 주위 분들도 체험해 드리면 그분들이 예비 소비자 또는 사업자가 되실 수 있습니다."

제품을 시연함으로써 소비자와 사업자를 만들 수 있다는 것, 사업을 반대하는 아내를 같은 여자 관점에서 설득해 주시겠다는 주주부 스폰서의 확신에 찬 말은 사업 진행 여부를 고민하고 있던 내게 큰 힘이 되었다.

"그런 방법이 있군요!"

"이를 제품 데모 파티라고 하는데, 제품 견본을 통해서 많은 소비자와 사업자가 생깁니다. 데모 파티 방법을 사장님과 사모님께 전수해 드릴게요."

"감사합니다. 이번 주말에 어떠세요? 친구 가족도 같이 부를게요."

"좋습니다. 그럼 주말에 뵙고요. 오늘부터 사장님은 무엇을 하셔야 한다고요?"

"제품 과용입니다."

"네, 아끼지 말고 쓰세요. 그리고 김 사장님의 피부와 뱃살부터 이 제품을 통해서 관리하시고요. 광나는 피부로 만드십시오."

"네, 오늘부터 제대로 과용해보겠습니다. 주말에 뵙겠습니다."

제품 데모 파티의 모든 것

 제품 데모 파티는 복잡하지 않다.

1) 사업 패키지가 도착하면 상위 스폰서가 집을 방문한다.

2) 제품을 함께 개봉하고 제품의 사용 방법을 자세히 알려준다.

3) 제품을 직접 신규 사업자에게 체험해준다.

4) 제품에 대한 체험이 끝나면 사업하는 방법, 비전, 시스템 등에 관해서 이야기해주고 시스템 참여를 독려하면서 데모 파티는 끝이 난다.

진행 과정은 단순하지만, 사실 데모 파티가 품고 있는 의도와 결과는 여러 가지다.

1) 사업의 성공적 안착

보통 초보 사업자는 사업을 결정하고 난 후 48시간 이내에 사업에 대한 의지가 급격히 떨어진다. 즉, 이때 사업에 대한 의지를 다시 한번 불태워주지 않으면 사업을 그만둘 수도 있다. 그래서 초도 물품이 도착하면 사업을 소개한 사람과 스폰서가 동행해서 사업에 대한 의지를 불태워 주고, 앞으로의 사업 방식을 알려주는 시간이 필요하다.

2) 제품에 대한 확신

일단 제품에 대한 확신이 생기면 사업에 대한 확신이 생긴다. 특히 여성들은 제품을 통한 사업 전달을 선호하기 때문에 제품을 직접 체험해주고 주요 성분 및 사용 방법을 자세히 알려준다. 다행인 것은 네트워크 마케팅 회사의 제품은 시중 제품보다 사용 전후의 비교가 명확하다. 그래서 제품을 직접 체험하면 사업에 성공적으로 안착할 가능성이 커진다.

3) 초기 소비자 또는 사업자 구축

보통 데모 파티 때는 한두 명의 지인과 함께할 것을 권한다. 지인들과 같이 제품을 체험하다 보면 이들 중에서 제품에 대한 확신을 가진 사람이 소비자가 되고, 사업자가 되는 경우가 허다하기 때문이다. 데모 파티에서 소비자 또는 사업자가 생기면, 신규 사업자는 더욱 힘을 얻어 사업을 진행할 수 있다.

데모 파티는 시스템 시작에서 가장 필수 요소이다. 파트너가 생기면 무조건 데모 파티를 시작하자.

집에 있는 모든 물품을 회사 제품으로 대체하자

주말에 주주부 스폰서가 내 친구 부부와 함께 제품 데모를 진행해 주었다. 평생 화장품에 관해서 관심이 없었던지라 한 번 시연한 것만으로도 얼굴이 바뀌고, 주름이 없어지는 것을 보면서 신세계에 온 것 같은 착각이 들었다. 친구 부부가 제품이 너무 좋다며 내 1호 소비자가 되어 주었을 때, 이 사업을 잘 선택했다는 안도감도 들었다.

"주주부 스폰서님, 지난 주말에 와 주셔서 감사합니다. 친구 부부가 저희 제품에 대해서 정말 반했다고 하며, 제 첫 소비자도 되어 주었습니다. 무엇보다도 이 사업에 대해서 강하게 반대하던 부인도 화장품이 정말 좋다며 자기도 데모 파티를 집에서 꾸준히 해가겠다고 했습니다. 든든한 조력자가 생긴 겁니다."

"예, 제품이 좋다면 사업에 대한 확신이 생기는 것은 당연한 수순입니다. 제가 도움이 되었다니 정말 다행입니다. 다음 단계는 사장님 집에 있는 모든 물품을 우리 회사 제품으로 바꾸어 보도록 할게요!"

갑자기 뜬금없이 우리 집의 모든 제품을 회사 제품으로 바꾼다는 말이 이해가 가지 않았다.

"집에 모든 물품을 바꾸다니요?"

"사장님! 네트워크 마케팅 사업의 근간은 바로 '소비 전환'입니다. 내가 쓰는 물건을 우리 회사의 우수한 제품으로 대체하면서 돈이 벌리는 구조가 만들어지는 것이 네트워크 마케팅 사업의 본질입니다. 이렇게 생각하시면 돼요. 사장님이 만 명의 사업자를 가졌을 때 이들이 쓰는 치약, 칫솔, 세제, 화장품, 건강기능식품이 모두 우리 회사 제품이라면 사장님의 소득은 어떠시겠어요?"

"만 명의 사업자가 써준다면, 그 금액은 당연히 엄청나겠지요!"

"맞습니다. 그래서 나부터 우리 회사의 제품으로 바꾸는 노력을 해주어야 합니다. 그것을 복제시키는 시스템을 구현하면 결국에는 그것들이 쌓여 권리소득을 벌어다 주지요!"

갑자기 네트워크 마케팅 회사가 사재기시킨다는 말이 생각났다. 회사에 들어가면 물건을 사라고 강요한다는 말이 있다던데, 주주부 스폰서가 이야기하는 것이 회사의 물품을 더 사라는 말인 것 같아 내심 마음이 불편해졌다.

"사장님! 네트워커들은 이중 계산기를 가지고 다니는 것 아세요?"

"이중 계산기요?"

One Point Lesson 17

네트워커들은 이중 계산기를 가지고 다닌다

 네트워크 마케팅 세상에만 있는 이상한 계산기를 지금부터 소개한다.

1억 원을 투자해 커피숍을 차렸고, 거기서 200만 원의 수익이 났다고 가정해보자. 그런데 매일 쓰는 치약, 칫솔, 화장품, 건강기능식품 등을 구매하는데 40만 원을 썼다면, 한 달에 커피숍을 통해 얻은 수익은 과연 얼마인가? 대부분 변함없이 200만 원이라고 대답한다. 커피숍에 1억 원을 투자해서 200만 원을 벌었으니, 번 돈은 200만 원이다.

다음 질문이다. 네트워크 마케팅 사업에 200만 원을 투자하고 200만 원의 소득을 벌었다. 그런데 매월 치약, 칫솔, 화장품, 건강기능식품 등을 구매하는데 40만 원을 썼다면 소득은 얼마인가? 네트워커는 160만 원이라고 대답한다.

이 두 질문에 대한 대답이 다른 이유가 있다. 보통 우리는 소득과 소비 금액을 분리하는 계산기를 가지고 산다. 200만 원을 벌면 그대로 소득이고, 40만 원에 대한 소비는 별개이다. 그런데 네트워크 마케팅 사업을 시작하면 소득과 비용을 같은 선상에 둔다. 즉 200만 원을 벌었는데 40만 원을 회사 제품 구매로 소비했다면, 160만 원의 소득만 번 것으로 본다.

4인 가족 기준으로 치약, 칫솔, 세제, 생필품, 건강기능식품 등 필수용품만으로 소비하는 금액이 평균 30~40만 원 정도이다. 이 제품을 회사의 물건으로 바꾸어 쓰는 것을 '소비 전환'이라고 하는데, 네트워크 마케팅 회사의 본질이 바로 이 소비 전환에 있다. 내가 소비를 전환하면 당장 나한테는 돈이 되지 않지만, 위 스폰서들의 매출이 올라가고 수당을 받게 된다. 나도 사업자가 생기고, 이들이 회사의 제품으로 소비 전환을 해주면 그들의 수당이 나에게 올라와 점차 큰 소득이 된다. 이게 네트워크 마케팅 사업의 본질이다.

그런데 아이러니하게도 네트워커들은 자사의 제품을 구매하고 소비하는 것에 인색한 편이다. 자사의 제품을 구매하면 마치 사재기를 한 듯한 찜찜함을 갖는다는 것이다. 네트워크 마케팅 기업 제품은 좋은 원료가 많이 들어간 제품이라 시판 제품보다 비싼 경우가 많다. 그래서 사업자 유지를 위해서 회사 제품을 구매하는 것을 아까워한다. 더욱더 안타까운 것은 사업 유지를 위해 사 놓은 제품을 집에 쟁여 놓는다. 비싼 건데 아깝다면서 말이다. 이런 네트워커는 사업에 대부분 실패한다.

회사 제품을 적극적으로 쓰고, 우리 집에 모든 물품을 회사 제품으로 바꾸는 것을 실천하고, 이를 파트너에게 복제해나가면 반드시 돈이 되는 사업이 네트워크 마케팅 사업임을 잊지 말자.

"정말 그렇네요! 집에서만 쓰는 생필품, 화장품, 건강기능식품만도 그 금액이 상당하니 우리 제품으로 바꾸면 되겠네요! 전 버는 돈 없이 제품만 사야 하니 순간 사재기한다는 생각을 했는데, 어쨌든 슈퍼마켓에서 소비하는 제품이니 아까워 할 일이 전혀 없네요."

"맞습니다. 나로부터 소비의 시작을 구현하면 네트워크 마케팅 사업은 성공해요! 파트너들에게 그대로 복제되기 때문입니다. 만 명의 사업자가 사장님처럼 우리 회사 제품을 소비하게 하는 것이 우리 네트워커들의 목표입니다. 그리고 더 중요한 것은 네트워크 마케팅 회사의 제품은 시중 제품과 비교해 그 품질이 아주 우수하니 삶도 더 풍족해질 겁니다."

"스폰서님 말씀이 맞아요! 오늘 집에 가서 얼마 전 구매한 패키지에 있는 물품을 모두 꺼내 전부 대체해야겠어요!"

사업설명회에 스무 번 이상은 참석하자

"좋아요! 이제 제품에 대해서는 확실히 아셨으니, 다음은 회사에 대해서 완벽하게 알아야 합니다. 다음 미션은 회사 사업설명회 스무 번 듣기를 과제로 드리겠습니다."

"스무 번이나요?"

다양한 직급자들의 사업설명회 참여

 내 입을 통해서 회사를 알리고 사업자와 소비자를 유치하는 사업이 네트워크 마케팅 사업이다. 이를 위해서 왕초보 네트워커는 사업설명회를 꾸준히 그리고 많이 듣는 게 매우 중요하다.

일단 많이 듣다 보면 머릿속에서 사업 전달을 어떻게 해야 할지에 대해서 떠오르기 시작하고, 결국 자신의 입을 통해 사업을 전달할 수 있게 된다. 이를 위해서는 사업 초반에 사업설명회를 스무 번 이상은 반드시 들어볼 것을 추천한다. 특히, 여러 직급자의 사업설명회를 돌아가면서 고루 들어보자.

같은 사업설명회라 할지라도 직급자의 성별, 연령, 경력별로 어필하는 포인트는 상당히 다르다. 보통 남성 사업자의 경우, 사업 자체에 대한 접근이 많지만, 여성 사업자는 제품력을 어필하는 경우가 많다. 연령층이 높은 직급자는 은퇴 후 경제활동, 즉 제2의 인생에 대해 초점을 맞추고, 연령층이 낮은 직급자는 자기 계발 및 부업을 통한 추가 수익 쪽에 어필한다. 이에 다양한 직급자의 사업 설명을 들어보고 자신에게 가장 알맞은 사업 설명 방식을 찾아내고 연구하여 자기 것으로 만들어야 한다. 이를 위해서 사업설명회 스무 번 이상 참석하기는 왕초보 네트워커에게 필수 중 필수 코스이다. 또한, 각 직급자의 어필 포인트와 스타일을 이해하고 있으면, 예비 사업자를 초대할 때 성향에 따라 어필할 수 있는 직급자들의 강연을 고를 수 있다는 장점도 있다.

부업자의 경우 사업설명회에 스무 번 이상 참석하기가 매우 어려울 것이다. 최근에는 유튜브에도 많은 직급자의 사업설명회가 올라와 있으니, 출퇴근 시간을 활용해 유튜브로 수강해보자.

회사 직급과 직급별 소득을 확실히 파악하자

"김 부장님, 요즘 뭐 하세요? 수상한데요?"

우리 팀 김 과장이 점심시간에 갑작스럽게 질문을 했다. 부업하는 것을 들킨 줄 알고 어떻게 대응해야 하나 난감했다.

"요즘 김 부장님 얼굴이 번쩍번쩍 빛이 나서 여쭈어보는 겁니다. 피부과 시술받으셨어요? 그러고 보니 김 부장님 뱃살도 홀쭉해지고 말이지요. 혹시 지방 흡입도 받으신 것 아니에요?"

"무슨…… 그냥 예전이랑 똑같은데 뭘, 하하!"

"뭔가 비밀이 있어요. 항상 푸석푸석한 얼굴에 뱃살 나온 아저씨였는데, 요 며칠 사이에 이상하게 외모가 달라지는데요? 혹시 부장님, 바람났습니까?"

"아니, 이 사람이 무슨 그런 소리를……. 김 과장도 알잖아. 우리 와이프 엄청 무서운 거."

"아, 그건 그렇지요. 하여간 좋은 것 있으면 공유 좀 해주세요. 혼자만 누리시지 말고요."

화장실에서 거울을 보니 전보다 왠지 젊어 보이는 듯한 내 모습을 볼 수 있었다. 젊었을 때는 사내에서 제법 인기도 있었는데 결혼하고 나서 외모는 포기하고 살았다. 거울 속에 내 모습을 보면서 '가꾸니까 아직 쓸만하구먼, 김의심!' 하며 우쭐해져서 화장실을 나왔다.

퇴근 후 주 스폰서를 만나기 위해 본사로 향했다.

"김 사장님, 오랜만이네요. 와, 그동안 제품을 엄청나게 과용하셨나

봅니다. 얼굴에서 번쩍번쩍 광이 나시는데요? 뱃살도 들어가 보이시
고. 음……, 살이 많이 빠졌죠?"

주 스폰서에게까지 칭찬을 받으니 쑥스럽기도 하고, 열심히 관리한
자신이 자랑스럽게 느껴졌다.

"네, 저번에 말씀하신 대로 열심히 제품을 과용하고 있습니다. 그런
데 제품이 좋긴 좋더라고요. 로션도 바르지 않던 얼굴에 좋은 화장품
을 바르니 얼굴빛이 달라졌어요. 살도 5kg 정도 빠지고요. 제 모습이
바뀌니까 좀 더 자신감이 생기는 것 같습니다."

"맞습니다. 앞으로 더 큰 자신감을 가지고 사업하게 될 겁니다. 자
그러면 오늘은 돈 버는 이야기를 마스터해 볼까요?"

돈 버는 이야기라는 말에 정신이 번쩍 들었다. 드디어 부자의 길로
들어설 것 같은 묘한 기대감이 생겨났다.

"네, 돈 버는 이야기는 두 가지가 있어요. 하나는 우리 회사의 직급
자들이 벌어가는 소득을 아셔야 하고요, 다음은 회사의 보상을 완벽
하게 이해하셔야 합니다. 그럼 직급 이야기부터 해보죠. 네트워크 마
케팅 사업에서 가장 중요한 것이 직급입니다. 직급과 관련해서는 들
어보셨지요?"

나는 자리를 고쳐 앉으며 눈을 크게 뜨고 되물었다.

"혹시 직급이라는 것이 보석 이름을 말씀하시는 건가요?"

회사 직급 체계와 직급별 소득 마스터하기

 네트워크 마케팅 회사는 직급 체계를 가지고 있다. 보석 이름을 붙이는 경우가 대부분이며 10~12개 정도의 직급 체계를 갖추고 있는 것이 일반적이다. 비싼 보석 이름일수록 높은 직급인 것이 업계 표준이다.

직급이란 산하 파트너들이 일정 기간 얼마만큼의 매출을 내고 있는가, 즉 실적에 따라 부여된다. 보통 한달 또는 4주 합산하여 매출의 총합으로 결정하는데, 최근 생긴 바이너리 기반의 회사는 4주 합산 개념으로 직급을 결정한다.

직급	산하 4주 합산 매출	소득
첫 직급 (스태프, 브론즈)	800~1,000만 원	50~90만 원
두 번째 직급 (실버)	1,000~1,800만 원	110~150만 원
세 번째 직급 (골드)	1,800~3,500만 원	200~290만 원
네 번째 직급 (루비,플래티늄,사파이어)	3,500~7,000만 원	380~450만 원
다섯 번째 직급 (에메랄드)	1~1.5억 원	780~980만 원
다이아몬드 직급	2.4~10억 원	1,200만 원~1억 원
크라운 직급	10~40억 원	최소 1억 원 이상

보통 상위 1%에 해당하는 다이아몬드 직급자는 회사에서 임원급 리더로 분류되며, 월 1,000만 원 소득 외에도 회사에서 특별한 예우를 받게 된다. 네트워크 마케팅 사업의 꽃이라고 불리는 다이아몬드 직급을 반드시 성취해야 하는 이유가 여기에 있다.

〈다이아몬드 이상 직급자 예우〉

1. 다이아몬드 이상급 회의 참석
2. 해외여행 프로모션 시 우선 혜택

3. 각종 행사 시 별도의 득별석 부여

4. 회사로 문의하는 소비자 또는 사업자가 있으면 우선 배정

5. 국산 차 차량 지원

6. 다이아몬드 이상을 위한 특별 파티 및 행사 참여 혜택

7. 본사 강연장 우선 사용권 부여

회사의 최고 직급자를 뜻하는 '크라운' 직급은 '사업자 중의 왕'이라는 의미가 있다. 그래서 왕관을 씌워 준다는 개념에서 '크라운'이라는 직급을 쓴다. 1억 원 이상의 소득은 물론 크라운에게는 다이아몬드 직급자 예우와는 비교가 안 되는 혜택이 제공된다.

〈크라운 직급자 예우〉

1. 공식 행사 시 맨 앞자리 특별석 제공 및 기립 박수

2. 해외여행 시 퍼스트 클래스 및 5성급 스위트룸 제공

3. 차량 지원 시 벤츠 S클래스 또는 BMW7 시리즈 제공

네트워커로서 삶의 목표는 직급과 소득이다. 우리 회사의 직급과 직급 달성을 위한 매출, 이를 통해 받는 수당은 반드시 알고 사업에 임해야 한다. 네트워크 마케팅 사업을 시작했으면, 반드시 그 회사에서 다이아몬드 직급까지는 꼭 성취해보자.

돈 버는 방법, 보상 플랜 완벽히 마스터하기

"다음은 회사 알아보기의 마지막 관문인 보상 플랜에 대해서 알아

보고자 해요. 네트워크 마케팅 사업에서 돈 버는 방법은 바로 회사의 보상 플랜을 정확히 파악하는 것에서부터 시작합니다. 일종의 수당 제도라고 보면 이해하기 편해요. '내 산하에서 일으킨 매출이 얼마냐에 따라 내 수당은 얼마다'라고 정해져 있는 공식화된 합의 문서이지요. 네트워크 마케팅 사업 특성상 같은 매출이어도 몇십만 원에서 몇백만 원의 수당 차이가 날 수도 있어요. 그래서 보상 플랜을 제대로 이해하고 이에 따른 목표 계획을 세우는 것이 정말 중요합니다."

"이해가 잘 안 가지만 주 스폰서님의 이야기이니 경청할게요."

"호호, 보상 플랜 공부는 열 번을 해도, 백 번을 해도 아깝지가 않은 시간입니다. 아울러 사장님이 직접 보상 플랜을 사람들에게 자신 있게 이야기할 수 있을 정도로 마스터하셔야 합니다."

One Point Lesson 20

보상 플랜의 두 가지 모델, 브레이크 어웨어 vs 바이너리

 네트워크 마케팅 회사의 보상 플랜은 크게 브레이크 어웨이 보상 플랜과 바이너리 보상 플랜 두 가지로 나누어진다. 보상 플랜이 중요한 이유는 돈을 벌 방법이기 때문이기도 하지만, 보상 플랜에 따라 회사의 사업 방식에도 완전한 차이가 있기 때문이다.

1) 브레이크 어웨이

브레이크 어웨이 방식은 암웨이, 허벌라이프, 뉴스킨 등 정통 글로벌 회사들이 선택하고 있는 보상 플랜으로 1세대 보상 플랜이라고도 이야기한다.

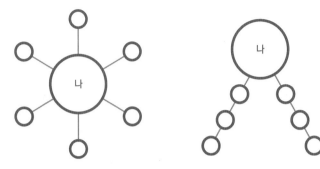

브레이크 어웨이 방식   바이너리 방식

이 회사들의 경우, 소비자를 먼저 찾은 후 사업자를 찾아내는 구조로 사업이 진행된다. 그래서 제품 판매를 중점으로 하는 마케팅 전략을 펼치고 있다. 나를 중심으로 여섯 또는 열두 줄의 소비자 레그를 짜내리는 것이 특징이다. 초기에 소비자를 찾아 방문 판매 형식의 사업이 진행되며, 그중 사업자가 찾아지면 이를 중심으로 한 줄이 완성되는 타입이다.

혼자서 여섯 줄에서 열두 줄을 만들고 관리해나가야 하므로 시간이 오래 걸린다는 단점이 있지만, 한번 조직을 갖추어 놓으면 소득이 꾸준하다.

2) 바이너리

최근 10년 안에 생긴 회사는 대부분 바이너리 방식의 보상을 채택하고 있다. 애터미, 시크릿, 지쿱, 쏠렉 등이 대표적인 회사다. 나를 중심으로 두 줄을 만드는 방식이다. 브레이크 어웨이와의 차이점은 사업자를 먼저 찾고, 소비자를 찾는다는 것이다. 아울러 여섯 줄 또는 열두 줄을 두 줄로 만들다 보니 조직 구축이 빠른 것이 장점이다. 하지만 사업자는 돈이 안 되면 쉽게 떠나는 경향이 있어, 소득이 일정치 않다는 단점이 있다. 또한, 초기 사업자가 될 때 진입 비용 200만 원 정도가 발생한다.

직급	브레이크 어웨이	바이너리
주요 회사	암웨이, 뉴스킨, 허벌라이프 등 전통 회사	애터미, 시크릿, 쏠렉 등 최근 10년 안에 생긴 신생 회사
사업자 구축 방식	소비자를 찾고 이중 사업자를 찾는 구조	처음부터 사업자를 찾고 향후 소비자를 찾는 구조
장점	한번 구축하면 쉽게 무너지지 않음. 초기 진입 비용이 거의 없음.	사업 속도가 매우 빠름. 팀 사업이 가능하며 능력에 따른 편차를 보완할 수 있음.
단점	능력에 따라 편차가 큼. 조직 구축까지 시간이 오래 걸림.	쉽게 무너지는 경향이 있음. 초기 진입 비용 발생.
다이아몬드 승급 까지 걸리는 시간	5~7년	1년 이내도 가능

결론부터 이야기하면 네트워크 마케팅 회사라는 겉모습은 비슷해 보이지만, 브레이크 어웨이 회사와 바이너리 회사는 완전히 다른 형태의 사업이다. 그러니 초기 사업을 선택할 때 그 회사의 보상 플랜 방식을 반드시 숙지해야 한다.

"주 스폰서님! 브레이크 어웨이와 바이너리 보상 플랜은 저 같은 초보자가 보기에도 완전히 다른데요!"

"맞습니다. 겉은 비슷한 네트워크 마케팅 회사이지만, 속은 완전히 다른 회사라고 생각하시면 돼요."

"그러면 어떤 보상 플랜이 더 좋은 건가요?"

"호호, 어떤 보상이 더 좋다고 이야기할 수는 없어요. 각각의 장단점이 명확하기 때문에 본인 취향에 맞추어 자신에게 가장 맞는 보상 플랜의 사업을 결정하시면 됩니다. 다만, 최근에 생겨나는 거의 대부분 회사들은 바이너리 방식을 채택하고 있습니다. 브레이크 어웨이 사업보다 바이너리 사업이 왕초보 네트워커에게는 좀 더 쉽다는 업계 평이 있으니 참고하세요."

"아, 알겠습니다."

"다음은 우리 회사의 보상 플랜에 대해서 알아보겠습니다. 정신 바짝 차리세요!"

One Point Lesson 21
네트워크 마케팅 회사 세부 보상 플랜

보상 플랜은 보고 또 보고 100번을 더 봐도 시간이 아깝지 않다. 무조건 암기하고 이해하고 다른 사람에게 설명할 수 있어야 한다. 이를 위해서는 반복적인 학습이 최선이다. 네트워크 마케팅 보상 플랜을 알아보기 전에 보상 플랜과 관련된 전문 용어를 먼저 알아보자.

1) 포인트

회사마다 명칭은 틀리지만, 대부분 회사는 포인트를 기반으로 보상을 제공한다. 즉, 1,000원의 매출이 난다면 50% 정도의 500포인트를 기반으로 보상을 제공하는 것이다. 회사마다 포인트를 부르는 명칭과 비율이 다르니 꼭 확인해보자. 보통 PV(Point Volume)이라는 명칭을 많이 쓴다.

2) 4주 합산

직급을 갈 때는 보통 산하에서 발생한 매출의 총합을 바탕으로 한다. 최근 바이너리 회사의 경우 4주간의 매출을 합산하여 직급을 결정하는 경우가 대부분이다. 5주 차가 되면 2주 차부터 5주 차까지의 4주 합산을 바탕으로 직급이 결정된다. 4주 합산을 적용하는 회사의 경우 1년에 총 52번의 승급 기회가 부여되는 것이 일반적이다.

3) 대실적&소실적

바이너리 회사는 두 줄로 내려간다. 매출이 큰 쪽을 대실적, 작은 쪽을 소실적이라고 한다. 후원 보너스는 일반적으로 소실적을 기준으로 책정된다.

이제부터 본격적으로 보너스에 대해서 알아보자. 보너스는 종류가 다양하며 회사마다 보통 6가지 보상 플랜을 제공한다. (여기서는 바이너리 회사의 보상 플랜을 중심으로 설명한다.)

1) 추천 보너스

내가 추천해서 사업자를 만들었음으로 가맹 매출의 5~10% 획득

내가 사업자를 직접 추천했을 때 받는 보너스다. 보통 직접 추천한 사업자가 사업을 시작하고 만들어낸 첫 매출 포인트의 5~10% 정도를 받는다. (예시 : 초기 진입 비용이 발생하는 회사는 200만 원 초도 물품을 추천한 사업자가 구매했을 때 10만 원이 지급된다.)

2) 후원 보너스 (팀 보너스)

후원 보너스는 네트워크 마케팅 보상에서 가장 큰 부분을 차지한다. 내 산하에서 만들어진 매출이 나에게도 공유되는 것을 말한다. 이것은 후원

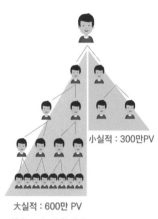

小실적 : 300만PV

大실적 : 600만 PV

〈후원 보너스의 합 예시〉
小실적 : 300만 PV x 15% = 45만 원
大실적 : 300만 PV 차감
大실적 : 300만 PV 무한 누적 / 이월

보너스를 통해서 지급된다. 보통 바이너리 회사에서는 대실적과 소실적이 발생하는데, 소실적을 기준으로 매출 포인트의 5~15%까지 받는다. 물론, 소실적에서 수당을 받는다면 대실적은 회사가 그 몫을 가져간다. 회사에 따라 1:1 차감과 2:1 차감이 있으며, 남아있는 대실적이 날아가는 경우도 있어 회사별 정책을 반드시 참고해야 한다. 아울러 주 상한선의 존재 여부도 파악한다. 회사별로 주급 상한선을 2,000~3,000만 원으로 묶고 있다.

3) 승급 보너스

승급 보너스란 직급을 달성했을 때 지급하는 일회성 축하금이다. 한 번에 목돈을 만질 기회가 바로 승급 보너스를 통해서 생긴다. 보통은 4주 합산 산하 총 매출의 합이 일정 수준을 넘기면 승급과 동시에 제공된다.

직급	승급 보너스	리더십 보너스
첫 번째 직급 (스태프, 브론즈 등)	10~20만 원	10만 원
두 번째 직급 (실버 등)	20~30만 원	20만 원
세 번째 직급 (골드 등)	50~100만 원	30만 원
네 번째 직급 (루비, 플래티늄 등)	100~200만 원	50~60만 원
다섯 번째 직급 (에메랄드, 사파이어 등)	300~500만 원	100만 원
다이아몬드 직급	1000~2000만 원	100~300만 원
더블다이아몬드 직급 (블루 등)	2,000~5,000만 원	300만 원 이상

트리플다이아몬드 직급 (레드 등)	5,000만 원~1억 원	400만 원 이상
크라운 직급	1~3억 원	500만 원 이상
로열 크라운 직급	3~10억 원	1,000만 원 이상

4) 리더십 보너스

리더십 보너스가 있는 회사는 많지 않다. 4주간 내가 유지한 직급에 대해서 월급 형태로 제공하는 보너스이다. 직급자들은 후원 미팅이 많다 보니 커피, 식사, 교통 비용 등이 많이 들어간다. 이를 회사에서 지원한다고 생각하면 된다.

5) 매칭 보너스

매칭 보너스는 내 파트너 사업자가 받아가는 금액 중 일부를 추가로 받는 것으로 후원에 대한 대가라고 보면 된다. 회사별로 3~4세대까지 파트너의 후원 보너스에서 5~20%까지 매칭 보너스를 받는다. 산하 파트너가

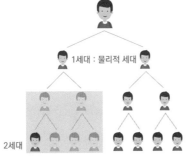

1세대 : 물리적 세대

2세대

+ 산하 사업자 중 직급자가 나오면?

산하 사업자 중 직급자가 나오면 그 직급자가 받는 후원 보너스의 5~20%까지 소득으로 발생한다.
아울러 세대 구분은 물리적 세대 구분이 아니라 직급자가 나온 윗세대 모두를 한 세대로 구분한다.

	스태프	매니저 실버	캡틴 골드	치프 루비	D 에메랄드	M 다이아몬드	E D 다이아몬드	ETD, C, RC.
1세대	20%							
2세대		15%					10%	
3세대				10%			5%	
4세대						5%		

2,000만 원의 후원 보너스를 받는다면, 20%인 400만 원을 기존 보너스와 별개로 받는 것을 의미한다.

6) 멤버 보너스 (소비자 보너스)

소비자에게 직접 물건을 판매했을 때 받는 이른바 방문 판매 소득이다. 보통 매출 포인트에서 5~35% 수준을 받는다.

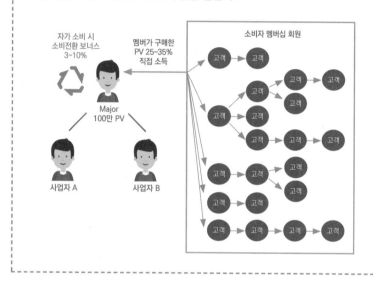

"자 이제 보상 설명까지 끝났으니 회사에 대한 모든 과외는 여기서 끝입니다. 제품, 사업, 직급, 보상 이 네 가지 요소는 사장님께서 복습하며 명확히 이해하시고, 향후 사장님의 파트너가 생기시면 똑같이 알려주세요."

"알겠습니다. 제품 과용, 사업설명회 스무 번 이상 듣기, 우리 회사 직급과 보상 알기 이 4가지는 복습을 통해서 꼭 마스터하겠습니다."

지금까지의 나와는 철저히 결별하자

"참, 김 사장님! 회사에 관해서 이야기하는 것보다 하나 더 중요한 것이 있어요. 이 이야기만 하고 오늘은 마무리하고자 합니다."

"더 중요한 이야기라고요?"

주주부 스폰서의 얼굴에서 갑자기 웃음기가 사라지면서 심각한 표정을 지었다.

"사장님! 우리가 이 사업을 하는 이유는 권리소득을 창출하고, 지금까지 벌어왔던 소득보다 월등하게 높은 소득을 벌어 이를 통해 경제적으로 자유를 누리는 부자가 되기 위함입니다. 맞죠?"

"네, 저도 그래서 사업을 시작했습니다."

"그렇다면 우리는 지금까지 살아왔던 모습과는 완전 다른 삶을 살아가야 할 겁니다. 지금 보이는 내 모습은 과거에서부터 쌓아왔던 결과물입니다. 그런데 현재의 내 모습으로는 앞으로의 미래가 불명확하기에 저도 네트워크 마케팅 사업을 시작한 겁니다. 그런데 지금까지 살아왔던 모습으로 똑같이 살아간다면, 아무리 돈을 크게 벌 수 있는 사업이라고 해도 지금 모습과 달라지는 것은 없을 겁니다."

주주부 스폰서의 이야기가 너무 현학적인지라 무슨 말을 하는지 갈피를 잡지 못했다. 이를 눈치챈 주주부 스폰서는 웃으며 말했다.

"너무 어렵죠? 네트워크 마케팅 사업을 시작한 이상 사장님은 부자가 되기 위해 지금까지의 나와는 이별하는 '결단'을 내려야 한다고 이야기하는 것입니다."

"지금까지 나와는 이별하는 결단이요?"

"네! 이제부터 사장님께서는 부자가 되기 위해서 기존에 익숙하셨던 삶과는 이별해야 해요. 부업으로 사업을 진행하시니 주말에 사장님과 한 몸이 되었던 거실 소파와 TV 시청은 이제 끝입니다. 퇴근 후에는 시간을 내서 사업설명회, 제품설명회 등에 참석하셔야 하고요! 출퇴근 때는 항상 보시던 야구 중계를 멀리하시고 유튜브에서 자기계발 영상이라든지 아니면 책을 읽는 데 집중하셔야 합니다."

"어휴, 제가 좋아하는 것들만 다 하지 말라고 하시네요."

"호호, 만약 사장님이 아무런 변화 없이 지금처럼 사시면 그냥 평생 지금과 같은 모습일 거예요! 거기에 만족하신다면 이 사업을 시작하실 이유가 없습니다. 진짜 부자가 되고 싶으셔서 이 자리에 오셨다면 내 삶을 송두리째 바꾸어 버리겠다는 결단을 하시고, 부자가 되기 위해 자신을 가꾸고, 사업에 투자하자는 것입니다."

솔직히 평생 지금까지 나와 함께 해왔던 나만의 습관, 취향을 바꾸는 게 쉽지 않음을 안다. 하지만 이제 곧 명예퇴직이 눈앞에 닥친 사면초가의 입장에서 주주부 스폰서의 말에 따르는 수밖에 다른 방법이 없었다.

"네! 스폰서님, 알겠습니다. 제가 목표로 하는 월 1,000만 원 이상의 소득을 벌기 위해서 이번 기회에 나 자신을 완전히 바꾸어 볼게요! 제가 느슨해지면 언제라도 채찍질해 주세요!"

"알겠습니다. 저 그거 잘해요! 그동안 회사를 공부하시느라 고생이 많으셨습니다."

집으로 돌아와서 회사 보상 플랜에 대해서 꼼꼼하게 복습을 했다. 방금 전까지 주 스폰서에게 이야기를 들었어도 이해하기 쉽지 않았다. 그래서 유튜브를 뒤져서 우리 회사의 보상 플랜 강의를 듣고 또 들었다. 세 번 정도 복습한 후에야 겨우 개념을 제대로 이해하기 시작했다. 확실히 보상 플랜을 제대로 알지 못하면 똑같은 매출을 올리고도 수익에서 큰 차이가 날 수 있다는 사실을 알게 되었다.

'다음에 내 파트너가 생기면 꼭 보상 플랜을 확실히 알려주어야겠다. 보상 플랜이 진짜 중요하구나!'

One Point Lesson 22

사업을 시작하고 2주간은 리크루팅을 나가지 마라

네트워크 마케팅 사업을 처음 시작하는 왕초보에게 사업에 가입한 직후인 2주간은 사업 정착에 있어서 가장 중요한 시간이다. 사업에 대한 포부와 열정은 가득하지만, 정확하게 사업에 대해 알지 못하는 상태에서 지인들을 만나 사업을 전달하려다가 거부당하는 경우가 바로 이 시기에 많이 발생하기 때문이다. 특히, 믿었던 지인이 사업을 하지 않겠다고 하면, '역시 네트워크 마케팅 사업은 안되는가 보다' 하면서 사업을 포기하기 쉽다.

일단 사업 시작일로부터 2주간은 절대 리크루팅 전선에 나서지 말아라. '백전백패'다. 대한민국에서 네트워크 마케팅에 대한 인식은 '불법 피라미드'이다. 사업에 대한 깊은 지식이 없는 상태에서 지인에게 무턱대고 사업을 진달하면 리크루팅은커녕, 그 지인을 통해 다른 지인에게까지도 'OOO가 다단계 한다고 하네. 전화 받지 마.'라고 소문이 돈다. 이렇게 되면 본격적인 사업을 시작하기도 전에 왕초보의 성공 의지는 바닥을 치게 된다. 그래서 2주간은 사업에 대해서 제대로 공부만 했으면 한다.

먼저, 회사에 대해서 정확한 정보와 분위기를 익히는 것이 매우 중요하다. 회사에서 진행하는 조회, 사업설명회, 신규 사업자 교육, 제품 설명회 등에 참석하고 스폰서가 속해 있는 그룹 교육에 2주 동안 최대한 많이 참석해야 한다. 녹화할 수 있는 자료는 녹화 후 반복해보면서 최소한 사업 설명, 보상 플랜 설명을 위한 기초 버전, 상품 설명을 할 수 있는 지식 등을 습득하자. 시간 내기가 어려우면 유튜브라도 찾아보자.

이 기간에 스폰서가 속해 있는 그룹 내의 스폰서 라인도 파악해 놓아야 한다. 향후 후원 미팅 요청 시 예비 사업자의 성향에 맞는 스폰서 자원을 확보해 놓아야 하기 때문이다. 스폰서 라인의 모든 분에게 각별한 인사와 웃음으로 화답하며 눈에 띄는 것도 중요하다. 스폰서가 본사에서 후원 미팅을 진행할 때 가까운 곳에 앉아보는 경험도 추천한다. 아울러 온라인상 카톡 그룹 방 및 밴드 가입 후 활동을 시작하는 것도 중요하다. 최신 정보를 얻을 수 있을 뿐만 아니라 출근 도장, 퇴근 도장, 적극적인 참여를 통해서 스폰서에게 눈도장을 찍을 수도 있다.

다음은 제품 사용에 집중한다. 사업 등록 후 2~3일 후면 제품이 집으로 배달된다. 스폰서에게 요청해 제품 설명과 사용법에 대해서 배우고 집에 있는 제품 중 비슷한 종류의 제품은 회사 제품으로 바꾼다. 그렇게 제품을 배치하고 집중적으로 써본다. 제품에 대한 자신감이 기본이 되어야 리크루팅이 가능한 사업이 네트워크 마케팅 분야이다. 2주간의 제품 경험은 사업을 진행하는 동안 든든한 자산이 되니 충분함을 넘어 남용한다는 생각을 가지고 사용해야 한다.

제품을 통해서 본인이 변화하는 모습을 보여주는 것도 중요하다. 화장품 사업을 한다면 내 피부가 좋아져야 하고, 다이어트 제품 사업을 한다면 그 다이어트 제품을 통해 몸무게를 줄여야 한다. 네트워크 마케팅 제품은 기본적으로 효과가 좋기 때문에 2주만으로도 나를 충분히 변화시킬 수 있다. 변화된 모습을 보고 사람들이 '살을 어떻게 뺐어?', '피부가 너무 좋아졌네. 비결이 뭐야?' 등의 질문이 나오면 자연스러운 소비자, 사업자 리크루팅 기회가 생긴다.

이 사업을 통해서 자신의 목표도 설정해보자. 나의 목표 월 소득을 정하고, 이에 맞는 직급 목표도 정한다. 다음은 최종 목표를 달성할 기간을 설정하고 세부 일정을 조금씩 세워본다. 아울러 내가 목표를 이루었을 때 하고 싶은 꿈들을 나열하는 것도 매우 중요하다.

마지막으로 명단 작성을 시작한다. 소비자의 명단 작성은 네트워크 마케팅 사업을 하는 이상 꾸준히 해나가야 한다. 보통 명단 작성 시 본인의 지인들을 위주로 명단을 작성하는데, 이들 중에서는 사실상 본 사업을 이끌고 갈 리더십을 가진 사람은 없다는 점을 인지해야 한다. 조금 다른 시각에서 명단을 작성한다면 더 빠르게 리더 감을 찾아낼 수 있다.

일단 회사에 나가보면 성공한 사람들의 대략적인 프로파일이 나온다. 성별, 나이, 예전 직업, 외모, 성격 유형 등 회사마다 성공하는 사람의 기본적인 공통점이 있다. 예를 들면, 화장품 회사는 30~40대 여성 직급자가 많은 편이며, 네트워크 사업, 화장품 방문 판매, 학습지, 보험 경력자가 많은 것을 알 수 있다. 대부분 외모가 준수하고 피부와 몸매 관리에 신경을 많이 쓴다는 특징이 있다.

이에 반해, 생활용품을 주로 다루는 회사는 50대 이상이 대부분이며 성별은 무관하고 자영업 경험을 가진, 동네에서 마당발이었던 분들의 성과가 좋은 편이다. 이처럼 프로파일이 나오면 이를 바탕으로 내가 현재 가진 인맥 리스트를 작성해본다.

  2주 정도는 지금까지 일러준 4가지 작업을 하는 데 집중한다. 그러고 나면 사업에 대한 확신이 생기고, 눈에서 일명 레이저가 나갈 준비가 비교적 충만해진다. 그렇게 2주가 지나면 그때부터는 리크루팅을 나갈 수 있는 수준이 된다.

내 회사에 모셔올
인재 리스트 작성하기

네트워크 마케팅은 '내 유통회사를 만드는 사업'

"김 사장, 살이 엄청나게 빠졌는데? 요즘 사업 공부를 열심히 했나 봐."

"유신아……, 아니, 유신 스폰서님, 오셨습니까?"

"허허허, 우리끼리 있을 때는 말 편하게 하자고."

"그래, 아직 입에 붙지 않아서 말이지. 지난주까지 월 목표 정하고 주주부 스폰서님을 통해서 제품부터 보상까지 회사에 대한 모든 것을 완벽하게 알 수 있도록 공부했어."

제품과 회사에 대해서 하나씩 알아가다 보니 이 사업에 대한 확신이 강해졌다. 특히, 보상 플랜을 알고 나서는 왜 유신이가 권리소득을 벌기 위해 네트워크 마케팅 사업을 하는지 일 것 같았다.

"많이 힘들었지?"

"솔직히 말하면 너무나 재미있었어. 유신이도 알잖아. 남자들이 언제 화장품을 이렇게 듬뿍 발라보겠어. 사업을 안 한다면 와이프가 엄청 뭐라고 했을 거야. 그런데 그걸 아주 펑펑 쓰고 있어. 그래야지 사업을 잘하는 거니까."

"맞아, 네트워크 마케팅 사업이라는 것이 내가 젊어지고 예뻐져야 더 잘 되는 독특한 사업이라 그런 재미가 있지."

"그러게. 내 외모가 바뀌니까 직장에서도 더 자신감을 느끼게 되더라고. 사람들도 자꾸 '뭐 시술받았느냐', '화장품은 뭐로 바꾸었느냐', '애인 생겼느냐?' 하고 물어본다니까."

"허허허, 제대로 사업을 하고 있다는 증거야. 지금처럼만 해나가면 돼."

그러나 외모도 바뀌고 자신감도 하나둘씩 생겨나는 내 모습을 발견하면 기분은 좋아지는데, '과연 돈은 언제 버나!' 하는 불안한 마음이 조금씩 들기 시작했다.

"그런데 유신아, 월 수익 목표도 정했고 제품도 듬뿍 써서 좋기는 한데, 지금까지 활동들로 돈을 벌 수는 없을 것 같아서 마음이 초조해지네. 이제부터 난 무엇을 하면 될까? 본격적으로 돈 버는 방법을 알려주었으면 해."

"지금 활동하는 모든 것들이 돈을 버는 과정인 거야. 너무 걱정하지

마. 그래, 일단 네트워크 마케팅 사업을 다시 한 번 정의해보자고. 네트워크 마케팅 사업은 나라는 사람을 중심으로 우리 회사의 제품을 유통해줄 가맹점을 많이 만들고, 이들을 통해 소비자를 만드는 유통회사, 즉 김유신 유통회사를 만드는 사업이야."

"김유신 유통회사라……."

"그건 내 회사인 거고. 김 사장은 김의심 유통회사를 만드는 거지. 수십, 수백, 수천, 수만 개의 가맹점이 있는 김의심 유통회사. 그 유통회사가 월 10억의 매출을 할 수도, 월 1,000억의 매출을 할 수도 있는 거야."

평생 직장생활만 하다가 은퇴하고 커피숍이나 하나 차려 여생을 보내고자 했던 터라 내 회사를 만든다는 생각은 한 번도 해본 적이 없었다. 그런데 네트워크 마케팅 사업을 시작하면 '김의심 유통회사'가 만들어진다는 그 한 마디에 마음속에서 무언가 꿈틀대는 느낌이 들었다.

"우와, 갑자기 느낌이 완전히 달라지는데?"

"자, 그럼 이 회사에는 어떤 사람들로 채울 거야? 유능한 사람으로 채워야겠지? 바로 유능한 사람을 내 사업에 조인시키는 것, 이를 전문 용어로 리크루팅이라고 표현해."

모든 사업은 리크루팅이 근간이다

"사실 리크루팅이라는 개념은 네트워크 마케팅 사업에서만 쓰이는

것이 아니야. 기업, 군대, 스포츠 등 인간이 사는 곳이라면 리크루팅이 제일 중요하지. 프로축구를 예로 들어볼까? 그 겉면에 드러나 있는 것은 축구 경기이지만, 그 속을 들여다보면 어떤 감독과 축구선수를 영입하는지가 제일 중요해. 다들 호나우두나 메시 같은 스타를 영입하기 위해 엄청난 돈을 지급하잖아. 그 선수 하나가 들어옴으로써 그 축구팀은 우승할 수 있으니까 말이야. 내 사업에 가장 적합한 최고의 인재를 모셔오는 것이 바로 리크루팅이야."

유신의 말에 고개를 끄덕이며 대답했다.

"듣고 보니 모든 산업군에서 리크루팅이 제일 중요하네. 우리 회사도 얼마 전 오너가 고생 끝에 이사님을 모셔왔는데, 그 이사님이 오시고 나서 6개월도 안 되어 회사가 비약적으로 성장했어. 그런데 이분이 갑자기 건강 악화로 회사를 그만두시는 바람에 다시 회사가 어려워졌고 말이야."

사실 회사에서 명예퇴직 문제가 나오게 된 것이 바로 이사님의 건강 때문이기도 하다. 회사에 오시고 불과 몇 개월 만에 빠르게 성장하여 더 많은 사람을 채용했는데, 갑작스레 암 선고를 받은 후 퇴사를 하게 되었고, 그 결과 회사는 급격하게 어려워지기 시작했다. 단 한 명으로 인해 회사의 성장과 퇴보가 결정된 것이다.

"맞아, 그런 점은 네트워크 마케팅 사업에서도 고스란히 적용돼. 한 번 생각을 해보자고. 만약 김 사장 산하 파트너 중 내가 있으면 어떨 것 같아?"

"하하하! 그럼 나는 무척 고맙지. 혼자서도 1,000명, 2,000명 사업자를 만들고 조직을 만들어내는 사람이잖아."

"그래, 그거야. 내 산하로 어떤 사람을 리크루팅해 오느냐에 따라서 1년 안에 10명의 조직이 될 수도 있고, 1만 명의 조직이 될 수도 있는 사업이 바로 네트워크 마케팅 사업이야. 그래서 모든 역량을 리크루팅에 쏟아내야 하는 것이 네트워커의 숙명이지."

유신의 말을 들으니 내 산하로 김유신과 같은 사람을 어떻게든지 영입해야겠다는 생각이 들었다. 저런 사람 몇 명만 있으면 사업이 대박 날 수 있다는 기대감과 함께 말이다.

"생각나는 사람이 있으면 그 사람들의 리스트를 작성해야 해. 이를 명단이라고 해. 사업을 할 수 있는 예비 사업자 리스트라고 보면 되지. 네트워크 마케팅 사업은 명단에서 시작해서 명단으로 끝난다고 할 정도로 네트워크 마케팅 사업의 핵심이야."

"명단이라……, 그러면 어떤 사람을 리크루팅 하면 좋을까? 명단에 우선적으로 넣어야 하는 사람 말이야."

어떤 사람을 리크루팅 해야 할까?

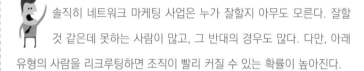 솔직히 네트워크 마케팅 사업은 누가 잘할지 아무도 모른다. 잘할 것 같은데 못하는 사람이 많고, 그 반대의 경우도 많다. 다만, 아래 유형의 사람을 리크루팅하면 조직이 빨리 커질 수 있는 확률이 높아진다.

1) 우리 회사 직급자들의 유형과 비슷한 사람

회사별로 회사의 주력 제품에 따라 연령대와 성별, 성향이 나누어지는 경우가 많다. 이를 파악하고 우리 회사 직급자들과 비슷한 사람을 찾는다면 사업 성공을 조금 더 앞당길 수 있다.

2) 네트워크 마케팅 유경험자

왕초보 네트워커가 네트워크 마케팅 사업을 이해하고 이를 현장에 적용하는데 6개월에서 1년 정도가 소요되는 반면, 유경험자는 사람을 리크루팅할 줄 알고, 시스템을 다루어본 경험도 있다는 것이 장점이다. 그만큼 사업 확장 속도가 빠르다는 것이다. 하지만 이상한 방법으로 사업을 배우신 분들의 경우는 오히려 조직에 마이너스가 될 수도 있으니 이 점은 유의하자.

3) 영업 경험자

실제로 네트워크 마케팅 사업 경험이 없어도 다이아몬드 이상의 직급자가 되는 분의 상당수는 기존 영업 세계에서 성공 경험이 있는 사람이다.

화장품, 정수기 등 방문 판매 경험자, 보험 설계사, 자동차 판매원, 학습지 교사 경험자는 네트워크 마케팅 사업에 익숙해지면 빠르게 성장하는 경우가 많다. 이들은 거절에도 익숙하고 회사로 출근해 조회를 마치고 신규 고객을 선정하고 오후에 미팅을 나가는 영업 패턴에 익숙하기 때문에 이를 사업에 적용하면 다른 사람들에 비해 성과가 날 수밖에 없다.

4) 사업 재기가 필요한 사람

이전에 사업에서 성공해보았으나 부도가 나거나 실패해서 재기를 위한 사업 도구가 필요한 사람은 반드시 모시고 온다. 네트워크 마케팅 사업은 초기 투자 비용이 적은 데 반해, 성공 시 보수가 엄청나기 때문에 재기를 노리는 사람에게는 최고의 기회가 될 수 있다.

5) 나를 진정 아끼고 항상 긍정적인 사람

자신을 꾸밀 줄 아시는 사람, 자존감이 높은 사람들은 뷰티나 건강 제품을 유통하는 회사에서 성과가 높다. 특히, 긍정적인 사람은 초반에 성과가 나지 않더라도 꾸준히 사업을 일구어내며 결국 성공적인 조직을 만들어낸다.

6) 정말 돈 벌고 싶은 사람

정말 돈 벌고 싶은 사람은 움직임과 눈빛이 다르다. 이들은 어떤 노력을 해서라도 돈을 벌겠다는 확실한 WHY가 있다. 그래서 네트워크 마케팅 사업의 본질만 깨닫게 해주면 누구보다도 빠르게 성장한다.

프로 네트워커의 명단법을 답습하자

"노하우를 전수하는 김에 하나 더 이야기해 줄게. 사업자들이 초기에 작성하는 명단의 인원수를 보면 그 사람의 6개월 이후 직급을 예측해 볼 수 있어."

"명단의 인원수만 보고도 직급을 예측할 수 있다고?"

"그럼, 아주 정확히 예측할 수 있어. 보통 네트워커들은 명단 만드는 인원수에 따라서 흉내 네트워커, 아마추어 네트워커, 프로 네트워커 세 가지 유형으로 나눌 수 있지."

"흉내 네트워커라, 어감이 별로 안 좋은데?"

"그렇지, 어감은 프로 네트워커가 최고지? 김 부장은 지금부터 어떤 네트워커가 될지 선택해 보라고!"

One Point Lesson 24
명단 수로 나누는 네트워커의 세 가지 유형

 네트워크 마케팅 사업은 명단을 꾸준히 작성하고 이를 통해서 좋은 인재를 리크루팅 해오는 것이 사업의 전부이다. 그래서 작성하고 관리하는 명단 수에 따라 6개월 후 직급을 예측해 볼 수 있다.

1) 명단 3명에서 끝 – 흉내 네트워커

네트워커의 80%는 흉내 네트워커이다. 보통 초기에 떠오른 2~3명의 명단만을 가지고 사업을 하려는 사람들이다. 이들의 사업 생명은 초기 작성한 2~3명의 명단에 달려 있다. 이들에게 사업을 전달했는데 사업자가 나오지 않는다면 '나는 네트워크 사업이 맞지 않는다.', '네트워크 사업은 안 된다' 등의 이유를 들며 3개월 이내에 사업을 포기한다.

2) 용두사미 명단 개발 – 아마추어 네트워커

아마추어 네트워커는 사업을 진행하면서 그 명단의 숫자를 20~30명까지 늘려가는 사람을 의미한다. 회사에서 중간 직급까지는 승급하는 것이 보통이다. 하지만 어느 정도 직급에 올라가면 자신의 명단을 멈추고 파트너들의 명단만을 가지고 사업을 하기 시작한다. 파트너들의 명단 동력이 떨어지면, 사업을 포기하거나 자신의 현재 직급에 만족하는 삶을 살게 된다.

3) 내 사전에 명단 멈춤은 없다 - 프로 네트워커

프로 네트워커는 명단 개발에 거침이 없다. 이들은 적게는 50명에서 많게는 100명 이상의 명단을 지속해서 개발해 나간다. 보통 회사에서는 상위 1%인 다이아몬드 직급 이상을 성취하는 사람들이 대부분 이런 케이스에 속한다. 이들은 다이아몬드 승급 이후에도 타사 리더 또는 영업 리더들을 찾아다니며 사람을 찾는다. 초보자는 초보자만의 명단 개발 영역이 있고, 하이핀은 하이핀만의 명단 개발 영역이 있다는 것을 잘 알고 있다. 이를 꾸준히 반복해나감으로써 그룹의 성장까지 끌어낸다.

명단은 구체적으로 작성한다

"좋아, 그럼 이제 본격적인 명단의 세계로 들어가보자고. 김의심 사장님의 유통회사를 만드는 첫 작업을 시작해 볼까?"

"후아, 두근거리는데?"

"자, 김의심 사장님의 유통회사에는 어떤 인재를 모셔오고 싶어?"

"음, 아까 이야기한 대로 김도유, 김승현, 이상범을 먼저 생각했어."

처음에 사업을 시작하고 나서 '나랑 네트워크 마케팅 사업할래?'라고 이야기했을 때 함께해줄 만한 사람을 생각해봤다. 항상 나에게 우호적이었고, 내가 하자면 무엇이든지 함께했던 사람들, 그들이 바로 이 세 사람이었다.

"이들을 꼽은 이유는?"

"일단 나하고 친한 사람들이고, 내가 사업하자고 하면 이들은 함께할 것 같아."

"그래, 좋은 생각이야. 나를 믿고 사업할 사람, 이 사람들을 1차 명단이라고 해."

"1차 명단?"

"응, 보통 사업을 초기에 접하면 떠오르는 사람들은 1차 명단이라고 하지."

"그러면 다른 명단도 있다는 건가?"

"그렇지, 김의심 사장의 머릿속에서는 없는 수많은 명단이 사업을 진행하면서 하나씩 나올 거야."

'머릿속에 없는 수많은 명단이 나온다고?' 당장은 무슨 말인지 모르겠지만, 사업에서 성공한 사람의 이야기이니 믿어보기로 했다.

"그것참 신기하네."

"일단 1차 명단을 한번 적어 보자. 수첩을 하나 만들고 거기에는 꾸준히 생각나는 사람들을 계속 채워가는 거야. 그러면 그게 명단 수첩이 돼. 그 명단 수첩에 사람이 많아지면 많아질수록 사업에서 더 성공할 수 있어. 대신 명단에는 이름 / 나이 / 직업 / 성별 / 네트워크 마케팅 사업 경험 여부 / 나와의 관계 등의 정보를 구체적으로 적어

뒤야 하지."

"그렇구나, 당장 수첩부터 만들어야겠다!"

에세이 식의 명단 작성법을 익히자

네트워크 마케팅 회사에서는 보통 명단을 표로 만들어 리스트를 작성한다. 하지만 이런 리스트는 필자의 경험상 대부분 쓸모없어진다. 너무 형식적이기 때문이다. 명단이란 매일 들여다볼 수 있어야 한다. 또한, 명단을 쓰는 이유가 스폰서와의 미팅 시 상담을 하고, 후원 미팅 시 스폰서에게 정확한 정보를 전달하기 위함임을 잊지 말아야 한다.

여기서는 형식적인 표에 리스트를 채우는 방식이 아닌, 충분한 여백을 두고 명단을 작성하는 수필식 쓰기 방법을 소개한다. 왕초보 네트워커에게는 이 방식이 훨씬 효과적이다.

1) 표 명단 작성법

이름	나이	직업	사는 곳	나와의 관계	경제적 여유	네트워크 경험
김재민	32	건축가	강남	친구	부자	없음

2) 수필식 명단 작성법

(1) 김재민 (32, 서울)

어릴 적부터 알고 지낸 같은 학교 나온 친구, 매우 온순하면서도 동시에 사업가 기질을 가지고 있음. 현재 건축사 사무실을 운영, 자산 10억 이상, 자수성가형 스타일, 네트워크 경험은 전혀 없으나 아버지가 네트워크 마케팅 사업으로 크게 성공한 사람으로 현재 100억대 자산가. 어릴 적부터 네트워크 마케팅 사업을 보고 듣고 자람. 사업에 대해서 부정적인 생각이 없음. 현재 외국인 아내와 살고 있으며, 아이는 둘. 성격이 좋아 주위에 친구가 많음.

1차 미팅 후 (9월 21일)
일단 사업 타이밍을 체크함. 아버지 영향으로 네트워크 마케팅 사업은 긍정적임. 최근에 사업 확장 중으로 좀 바쁨.

"수필식 명단 작성법은 굉장히 자세하게 쓰는 거구나. 미팅 결과도 적어 놓고 말이야."

"맞아, 그래서 공책 한 면에 한 명씩 배치하는 것이 좋아."

"알았어. 나도 한번 작성해 볼게."

명단 쓰는 법을 배우고 나니 한두 명의 추가 명단이 떠오르기 시작했다. 공책을 사서 한번 채워보리라 마음을 먹었다.

"김 사장, 숙제를 하나 줄 거야. '스탠리 밀그램의 6단계 분리이론'에 대해서 다음에 만날 때까지 공부해서 올 수 있을까? 네트워크 마케팅 사업과 아주 밀접한 관계가 있는 이론이야. 인터넷에서 검색하면 쉽게 찾아볼 수 있을 거야."

"알았어, 찾아보고 열심히 공부하고 올게."

"그래, 그리고 생각나는 명단이 있으면 더 적어 왔으면 해. 앞으로 그 노트를 멋지게 채워 보자고."

유신과 헤어진 후 집으로 돌아오는 길에 계속 이 말이 떠올랐다.

'나보다 잘난 사람이 이 사업에 들어와야 성공한다. 그러면 나는 누구를 리크루팅 해야 할 것인가.'

집에 들어와서 샤워 후 남은 숙제를 하기 위해 인터넷을 검색했다.

One Point Lesson 26

스탠리 밀그램 교수의 6단계 분리이론

 한승휘(노소라) 저자의 《리크루팅 혁명》이라는 책에서는 리크루팅에 관련해 새로운 접근법을 제시한다. 왕초보 네트워커라면 꼭 한번 읽어보자.

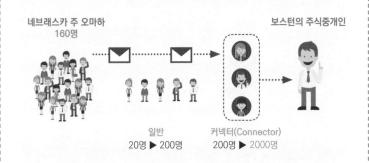

1969년 하버드 대학교 사회심리학과 교수인 스탠리 밀그램은 미국 중서부에 있는 네브래스카 주 오마하와 캔자스 주 위치토에 사는 주민 300명에게 각각 편지 한 통을 나누어 주었다. 그리고 이 편지를 미국 동부 보스턴에 사는 한 주식중개인에게 전달하도록 지시했다.

단, 전달 방식은 반드시 보스턴에 사는 주식중개인을 알 수도 있으리라 생각하는 사람에게 전달하는 인편 방식을 채택했다. 처음에 밀그램은 불과 몇 통의 편지가 100단계를 넘어 도착할 것으로 예상했다. 하지만 결과는 예상 밖이었다. 300통 중 놀랍게도 160통이 넘는 편지가 부동산 업자에게 도착했고, 대부분 5~6단계만 거쳐서 부동산 업자에게 편지를 전달했다.

더욱더 놀라운 것은 도착한 160통이 주식중개인에게 전달되기 바로 직전에 세 명의 사람들에게 몰렸다는 것이다. 이들을 우리는 커넥터(Connector)라고 부른다.

커넥터는 빨리 찾을수록 좋다

다음 날 회사에서 마련한 제품 특별 강연이 있어 본사를 찾아왔다.

"김 사장, 내가 내준 숙제는 잘 해왔어?"

"물론이지. 하버드대 교수인 스탠리 밀그램이라는 사람은 우리가 아는 사람 6단계만 거치면 누구나 연결된다는 이론의 창시자이더라."

"맞아, 미국 영화배우 〈케빈 베이컨을 찾아라〉라는 게임이 있을 정도로 아주 유명한 이론이야."

"그런데 이건 네트워크 마케팅 이론이 아니던데?"

사실 유신이 공부하라고 해서 '스탠리 밀그램의 6단계 분리이론'을 찾아보기는 했지만, 네트워크 마케팅 이론이 아닌 세일즈와 관련된 이론이어서 의아한 점이 있었다.

"그래, 맞아. 네트워크 마케팅 사업을 위해서 개발된 이론은 아니야. 그런데 기가 막히게도 네트워크 마케팅 사업에서 가장 유용한 이론이기도 하지."

"그렇구나."

"일단 소개해 줄 사람이 있어. 인사부터 해. 우리 회사 리크루팅 영역에서 가장 큰 성과를 올리고 있는 분이지. 백전백승의 신화를 가진 백직설 사장님이야. 인사해."

"안녕하세요. 백직설 사장님. 전 왕초보 네트워커 김의심이라고 합니다."

"안녕하세요. 저는 백직설이라고 합니다. 김유신 스폰서님. 제가 무엇을 도와드리면 될까요?"

리크루팅 백전백승의 신화를 가지고 있는 백직설 스폰서는 수입차 딜러로 9년의 경력을 가진 베테랑이었다. 겉모습만으로도 사람들을 압도할 만큼 차도녀의 외모를 지니고 있었다.

"백 사장님, 이분은 제 오랜 지인입니다. 현재 부업으로 사업을 시작했는데, 리크루팅의 신세계를 밀착해서 가르쳐 주셨으면 합니다. 사장님 파트너이시니 잘 부탁드립니다."

"여부가 있겠습니까? 다만 제 교육 스타일이 너무 직설적이라 혹여 상처를 입지나 않으실까 걱정됩니다."

"김 사장님, 괜찮지? 우리 백 사장님이 꽤 엄하게 가르칠 거야."

유신이 찡긋 웃으며 물었다.

"아, 걱정 마십시오. 앞으로 잘 부탁드립니다. 백 스폰서님."

리크루팅 세계에서 백전백승의 신화라는 것은 네트워크 마케팅 사업을 하는 사람에게 붙일 수 있는 최고의 수식어 중 하나라고 한다. 리크루팅의 여왕답게 차가운 외모와는 달리 따뜻한 미소로 나를 맞아 주었다.

"백직설 스폰서님. '스탠리 밀그램의 6단계 분리이론'이 네트워크 마케팅 사업하고 어떤 관계가 있나요? 이 이론이 왜 중요한지를 아직은 잘 모르겠습니다."

"호호호, 직접적인 관계는 없어요."

"그런데 왜 김유신 스폰서님은 중요하다고 하죠?"

"업계에는 이런 통설이 있어요. 자신을 기준으로 6세대 정도 그룹이 만들어지면 그중에 한 명의 리더는 반드시 나온다는 겁니다. 실제로 제가 사업을 1년 정도 해보니 이 통계는 정말 기가 막히게 맞는 것 같습니다. 그래서 '스탠리 밀그램의 6단계 분리이론'이 네트워크 마케팅에 적용할 수 있는 이론이라고 판단하는 거지요."

One Point Lesson 27
커넥터와 빠르게 접촉하는 것이 사업의 성패를 좌우한다.

네트워크 마케팅 사업의 성공은 사실 단순하다. 내 산하로 혼자서도 조직을 구축할 수 있는 셀프 리더 몇 명만 있으면 내가 능력이 부족해도 사업은 크게 성장한다. 그래서 오늘도 많은 네트워커 광부들이 다이아몬드라는 리더를 캐기 위해서 리크루팅에 여념이 없다.

　네트워크 마케팅 이론에서는 보통 나를 기준으로 6세대 정도 사업자가 구축되면 그중에 한 명의 셀프 리더가 나온다고 한다. 실제로 사업을 해보니 이 이론은 기가 막히게 맞아떨어진다. 결국, 네트워크 마케팅 사업은 꾸준히 사업자를 찾아 나가다 보면 성공할 수 있는 사업이 맞다. 하지만 상당수의 네트워커들이 이런 리더가 등장하기도 전에 사업을 그만둔다. 위의 저 그림처럼 말이다.

　그 이유는 바로 보통 6세대까지 조직을 구축하는 데는 통상 1년이라는 시간이 걸리기 때문이다. 1년은 절대 짧지 않은 시간이다. 특히, 월 1,000만 원 소득이라는 부푼 꿈을 안고 사업을 시작한 네트워커에게는 더더욱 그럴 것이다. 결국, 80%가 3개월, 90%는 1년 사업 기간을 견디지 못하고, 사업을 그만둔다.

　그렇다면 6세대가 아닌 1세대, 2세대에서도 셀프 리더를 빠르게 찾아낼 방법은 없을까? 그렇다면 1년이라는 긴 시간을 기다릴 필요도 없이 사업이 빠르게 성장할 수 있기 때문이다. 다음 솔루션은 바로 '스탠리 밀그램의 6단계 분리이론'에서 힌트를 얻었다.

1) 힌트는 바로 커넥터

'스탠리 밀그램의 6단계 분리이론'에서 가장 주목해야 할 것은 바로 '커넥터'다. 300통의 편지 중 160통의 편지가 최종 목적지에 도달하기 전에 단 세 사람의 커넥터에게 몰렸다. 만약 최종 편지를 받는 사람을 '셀프 리더'라고 한다면, 우리 주위에 존재하는 커넥터를 빠르게 찾을수록 '셀프 리더'를 빨리 찾을 수 있다는 뜻이 된다.

2) 커넥터의 성향

'스탠리 밀그램의 6단계 분리이론'에서 처음 편지를 전단한 사람은 편지 전달을 부탁해도 화를 내지 않을 만한 사람 즉, 편안한 관계의 사람들이다. 이들은 평균 100명의 카톡 지인을 가지고 있다. 반면, 커넥터는 사회적으로 성공하고 많은 사람에게 영향력이 있으며, 카톡에는 적어도 2,000명에서 5,000명 정도의 지인이 등록된 사람을 의미한다. 한마디로 말해서 나보다 잘나고 어려운 사람이다.

3) 커넥터를 찾고 바로 사업을 전달하자

결국 편안한 관계의 만만한 사람이 아닌 나에게는 어려운 사람, 사회적으로 성공한 사람들을 찾아 사업을 전달한다면, 1년이라는 기간을 걸쳐 '셀프 리더'를 확보하는 것이 아닌, 사업 직후 바로 '셀프 리더'를 확보할 수 있다.

"이제야 이해가 가네요. 인맥도 좋고 사회적 영향력이 있는 사람, 즉 커넥터를 찾아 사업에 합류시킨다면 리더를 빨리 찾게 될 것이고,

제 사업도 빠르게 성장할 수 있다는 말이지요?"

"맞아요! 정확히 보셨습니다. 그래서 '스탠리 밀그램의 6단계 분리 이론'을 보여드린 겁니다. 사람들은 보통 부탁할 것이 있으면, 가장 편한 사람에게 전달하는 경향이 있습니다. 처음에 떠오른 명단은 보통 나에게 있어 가장 만만한 사람입니다. 사장님도 마찬가지이지요?"

순간 거짓말을 들킨 아이처럼 마음이 콩닥콩닥했다. 백 스폰서님의 말이 하나도 틀린 것이 없었다. 처음 명단을 작성했을 때 나온 세 사람은 지금 생각해보니 나에게 가장 만만한 사람들이었다. 사업을 전달했을 때 가장 무리가 없을 만한 사람들이라고 해야 할까? 나보다 잘난 사람은 아예 명단에 없었다.

"이 만만한 사람들로 시작을 하니 산하로 6단계나 내려가야 겨우 셀프 리더가 나오게 되는 겁니다. 그런데 그 시작을 커넥터부터 한다면 2단계 만으로도 셀프 리더가 나올 수 있는 거죠!"

"백 스폰서님 말씀이 백번 맞네요! 하지만 저는 지금 세 명밖에는 떠오르지 않아요."

"대부분 사람들이 예비 사업자 명단을 작성하라고 하면, '내 머릿속의 지우개'를 작동하기 시작합니다. '이 사람은 이래서 안 될 거다', '저 사람은 저래서 안 될 거다', 별 핑계를 만들어가며 예비 명단에서 지우게 되는 거죠. 결국, 남은 사람은 가장 만만한 사람들이 남습니다. 그런데 신기한 것은 사장님이 지워 버린 명단 속에 바로 커넥터가 숨어 있다는 겁니다. 내 머릿속의 지우개는 희한하게 커넥터나 리더감들만 지워 버리는 경향이 있기 때문입니다. 그러니 네트워크 마케팅 사업에서는 이 지우개 속에 숨겨진 명단을 빠르게 찾아내는 것이 사업 성공의 비밀이지요. 이들 숨은 명단은 사업을 진행하면서 하나하나 나오게 될 겁니다."

네트워크 마케팅 명단의 세 가지 종류

 네트워크 마케팅 사업에서 명단은 크게 세 가지로 분류할 수 있다.

1) 1차 명단

사업을 시작하고 곧바로 나오는 명단이다. 보통 가족, 친구, 동료 등 나와 가까운 관계의 편안한 사람들이 명단에 나온다. 한마디로 '나 믿고 따라와'가 가능한 사람들이다. 이 명단은 사업을 전달해도 무리가 없을, 일명 만만한 명단이기 때문에 커넥터나 리더감은 극히 드물다. 하지만 네트워크 마케팅 사업은 누가 잘할지 모르기 때문에 이들 1차 명단도 반드시 접촉해야 한다.

2) 소개법 명단

소개법 명단은 1차 명단에서 제외된, 즉 내 머릿속의 지우개가 지워 버린 명단이다. 커넥터와 셀프 리더는 이 명단에 숨어 있다. 소개법 명단은 다음과 같은 방식으로 확보할 수 있다.

질문 방법 예시〉

"사장님 1차 명단에는 없는 분 중에서 사장님이 무슨 고민이 있을 때마다 상의할 수 있는 믿는 분이 계시나요? 참고로 전 그분께는 사업을 같이하자고는 안 할 겁니다."

사람들이 머릿속에서 명단을 지워 버리는 이유는 크게 두 가지다. 첫째는 그 사람이 어렵기 때문에, 둘째는 그 사람이 사업을 하지 않을 것이라고 미리 판단하기 때문이다. 이 질문법의 핵심은 '그 사람에게는 사업을 전달하지 않을 것'이라는 것이다. 그러면 일단 사업 전달의 부담감이 적으니 명단이 나오기 시작한다. 아울러 '평소에 신뢰하는 관계이고, 문제가 있을 때 상의할 만한 사람'이라는 조건은 그 사람이 커넥터의 성향을 가진 사람일 가능성을 키운다. 또한, 평소에 문제를 상의할 사람은 주위에 많이 있기 때문이다. 이들 명단을 반드시 찾아내야 한다.

3) 유지법 명단

유지법 명단은 따로 있지 않다. 사업을 전달했는데 거부한 사람들의 명단이다. 이들 명단은 버리지 말고 반드시 가지고 있어야 한다. 보통 사업 타이밍이 맞지 않아 사업을 거부한 경우가 많기 때문이다. 향후 사업자가 될 가능성이 있으니 반드시 정기적으로 접촉해야 한다.

마지막으로 명단 작성은 파트너에게만 맡겨서는 안 된다. 특히, 그 파트너가 왕초보라면 스폰서가 직접 대화를 통해서 명단을 함께 작성해야 한다. 왕초보 네트워커는 명단 작성의 가이드도 없을 뿐만 아니라 '내 머릿속의 지우개'를 가동시켜 커넥터와 리더감을 지워 버리는 경향이 있기 때문이다. 이에 스폰서는 아래의 가이드를 제시하고 질문을 통해서 좋은 명단을 만들어가야 한다.

이후 백직설 사장님과 한참 명단에 관련된 이야기를 나누었다. 이야기를 나누면 나눌수록 내 머릿속의 지우개가 지워 버렸던 숨어 있던 명단이 나오기 시작했다.

'이 사람은 이래서 안 될 거야!', '이 사람은 절대 사업하지 않을 거야'라고 했던 숨은 명단을 하나씩 채워 가니 명단 노트는 순식간에 30명 이상의 명단으로 채워졌다.

"김유신 스폰서님에게 들으셨겠지만, 네트워크 마케팅 사업은 명단에서 시작해서 명단으로 끝나는 사업입니다. 지금 만든 명단 노트를 꽉꽉 채워서 같이 성공해보자고요. 저도 열심히 돕겠습니다."

"알겠습니다. 꽉꽉 채워 볼게요!"

나는 결의에 차서 대답했다.

"이제 이 만들어진 명단을 바탕으로 김의심 유통회사를 만드는 리크루팅 활동을 본격적으로 시작할 겁니다. 기대하십시오. 다음 미팅 전까지는 지금 드리는 '호일러의 법칙' 자료를 꼭 읽어오시고요."

리크루팅 필수 이론, '호일러의 법칙'

 네트워크 마케팅 사업에서 리크루팅 영역의 바이블은 '호일러의 법 칙'이다. 사업을 시작하기 전에 기본적인 이론은 꼭 알아두자.

1) '호일러의 법칙'이란?

'호일러의 법칙(Law of Hoiler)'은 하버드 대학교 경영대학원 호일러 교수가 어떻게 하면 미팅에서 효율성을 더 높일 수 있을지를 연구하여 정리한 것이다. 호일러 교수는 제품을 판매하기 위해 전문가를 초빙하여 제품의 장점을 설명하게 하였더니 더 많은 판매가 이루어진 것을 보고 관련 내용을 체계적으로 정리했다.

2) '호일러의 법칙' 활용하기

네트워크 마케팅의 리크루팅 현장에는 세 명의 사람이 존재한다. 이를 A, B, C라고 정의한다면 A는 그 분야의 전문가 또는 성공한 사람으로 우리는 이를 스폰서라고 부른다.

호일러의 법칙

B는 C를 초대한 초대자이다. C는 잠재 사업자라고 정의하자.

'호일러의 법칙'에 따르면 C(잠재 사업자)를 만날 때 B(초대자)가 혼자 만나는 것보다 설명을 도와줄 수 있는 전문가인 A(스폰서)와 함께 만나면 훨씬 효율적으로 사업을 전달할 수 있다고 한다. 제3자 입장에서 객관성과 전문성을 내세우기 때문에 현장에서도 훨씬 리크루팅 확률이 높아진다. '호일러의 법칙'을 다른 말로는 'ABC의 법칙'이라고도 한다.

—— 제4장 ——

본격적으로
파트너를 만들고
복제하자

NETWORK MARKETING

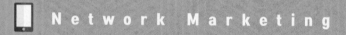 Network Marketing

나만의 핵심 인재
영입하기

지인에게 직접 사업을 전달하지 마라

오늘 퇴근 후에는 본사 시스템 교육을 받기 전에 친한 친구에게 리크루팅을 하러 갔었다. 당연히 사업을 같이할 줄 알았는데, 이 친구는 어이없게도 나에게 온갖 욕설을 퍼부으며 연락하지 말라고 미팅 자리를 박차고 나갔다.

"김 사장님, 오늘 안 좋은 일이 있나요? 얼굴에 다 나타나네요."

"아, 백 스폰서님. 오늘 실은 마음에 상처 입은 일이 있습니다. 제일 믿었던 친구 녀석이었어요. 나를 믿고 사업할만한 사람이라고 생각했고, 사업을 전달했는데…… 불법 피라미드를 하지 말라며 막 화를 내

더군요. 며칠 동안 사업 설명에 대해 열심히 연습해서 전달했는데, 이렇게 거절을 당하니 정말 기분이 안 좋아요. 나쁜 놈! 그동안 내가 저한테 어떻게 했는데…….”

“진정하세요. 그런 일에 익숙해지셔야 합니다. 네트워크 마케팅 사업은 거절 횟수가 많을수록 성장하는 사업이니 말이지요. 그것보다도 ‘호일러의 법칙’은 공부하셨어요?”

“네! 미팅에서 ‘호일러의 법칙’을 쓰면 리크루팅 확률이 높아진다는 이야기더군요. 솔직히 제 관점에서는 좀 번거로운 미팅법인 것 같습니다. 내가 예비 사업자와 미팅을 하고 사업 전달을 해서 사업자로 만들면 되는 것 아닌가 해서요.”

내가 이해한 ‘호일러의 법칙’은 스폰서와의 후원 미팅을 잡고, 스폰서를 통해서 리크루팅이 이루어지는 미팅법이었다. 성공한 사람과 미팅이 이루어지면 당연히 리크루팅 성공 확률은 높아질 수 있겠지만, 스폰서를 대동하고 미팅을 해야 한다는 점에서 좀 번거롭다는 생각이 들었다.

“내가 전달해서 사업자가 된다면, 그보다 좋은 일이 어디 있겠습니까? 그렇다면 ‘호일러의 법칙’이 나오지도 않았겠죠. 하지만 실제 리크루팅 현장에서는 지인에게 직접 사업을 전달할 경우, 대부분 거절당하는 것이 일반적입니다. 사장님이 친구분에게 거절당한 것처럼 말이지요. 사장님이 초등학교 때부터 보아왔던 친구가 있다고 해요. 심지어 연애 줄거리부터 비밀 이야기까지도 다 아는 아주 가까운 사이라고 합시다. 그런데 이 친구가 갑자기 사장님에게 와서 대박 사업이 있다고 하면서 사업을 같이하자고 합니다. 그런데 다단계 사업이에요. 사장님의 반응은 어떠시겠어요?"

"음, 일단 신뢰가 가지 않을 것 같네요. 친구를 신뢰하지 않는다는 이야기가 아니라 다만 제 친구와 비즈니스 관계가 되어 본 적이 없기 때문에 그런 것 같아요. 사업 파트너로서 신뢰가 가지 않는다는 것이지요."

"맞아요. 사장님 친구분도 똑같이 생각하셨을 겁니다. 만약 사장님이 물건을 팔았다면, 친한 친구들은 필요가 없더라도 사주었을 겁니다. 다만 그분의 입장에서는 사장님이 사업 파트너로서는 믿음이 가지 않았던 거예요. 사업을 같이해본 적도 없을뿐더러 어릴 적부터 함께 해온 세월이 있기 때문에 객관적인 입장에서 사업을 판단하기가 매우 어려웠을 겁니다. 게다가 다단계에 대한 편견도 거절의 한몫을 했을 거고요. 그러니 너무 서운해하지 마세요."

생각해보니 1년 전 유신 사장에게 내가 했던 일이 생각났다. 불법 피라미드를 전달한다고 온갖 나쁜 이야기는 다 했었는데, 그 일을 막상 내가 당하고 나니 마음의 상처가 생각보다 컸다.

"네, 그래도 마음의 상처는 쉽게 가시지 않습니다. 쳇!"

"그래서 그 분야에서 성공한 사람이 객관적으로 사업을 설명하는 '호일러 법칙'을 활용한 미팅법이 더 효과가 있는 겁니다. 사장님이 사업 파트너로서는 신뢰가 가지 않지만, 그 사업에서 성공해서 월

1,000만 원 이상 버는 사장님이라면 이야기가 달라지겠지요. 사업을 객관적으로 들여다보게 될 것입니다. 그리고 타이밍이 맞는다면 사업을 시작하게 될 겁니다."

"아, 이 법칙대로라면 사업을 객관적으로 전달할 수 있다는 장점이 있네요. 제삼자의 입장으로 전달할 수 있으니 말이지요."

"맞습니다. 사업에 대한 전달은 스폰서가 할 수 있도록 해주고, 스폰서와의 미팅 약속을 잡는 것까지가 바로 사장님의 몫입니다. 보통 스폰서와의 미팅을 잡기 전 이루어지는 미팅을 1차 미팅이라고 합니다. 예비 사업자와 사장님의 인간관계를 회복하고, 예비 사업자에게 사업이 필요한지를 점검하는 시간입니다. 만약, 부업이든 전업이든 사업이 필요한 사람이라면, 스폰서와의 2차 미팅을 잡는 것까지가 1차 미팅의 주된 목표입니다.

1차 미팅 깔때기로 2차 미팅 대상자를 추리자

'호일러 법칙'을 듣다 보니 갑자기 아이디어 하나가 떠올랐다.

"그러면 스폰서님. 1차 미팅 때 스폰서를 모시고 가면 더 효과적이지 않을까요? 그 자리에서 바로 사업자를 만들 수도 있을 것 같아서 말입니다."

그러자 백 스폰서는 고개를 가로저으며 단호하게 말했다.

"매우 비효율적인 방법입니다. 스폰서들은 적게는 몇 명부터 많게는 수백, 수천 명의 파트너를 보유하고 있습니다. 귀중한 자원이라는 것입니다. 그런데 1차 미팅에 스폰서를 대동한다면 효율성이 떨어지고 자원 낭비가 되는 것입니다. 1차 미팅의 목적은 관계 회복, 사업 타이밍 파악 그리고 2차 미팅 연결입니다. 이를 꼭 기억해 주세요."

"아! 스폰서의 리소스는 공공재라는 말씀을 하시는 거군요."

생각해보니 유신이만 하더라도 벌써 1,000명이 넘는 사업자가 있으니 모든 미팅에 참여할 수는 없는 노릇이다. 1,000명의 사업자가 나누어 써야 하는 귀중한 자원인 셈이다.

"맞습니다! 1차 미팅은 한마디로 말하면 깔때기 미팅이라고 생각할 수 있어요. 사업 타이밍이 맞는 사람을 걸러내는 것이 1차 미팅인데, 그 역할을 스폰서가 항상 같이한다면 스폰서의 시간 낭비이기도 하지만 나 말고 후원 미팅이 필요한 다른 사람의 기회를 박탈해 버리는 결과를 낳게 되지요. 더욱더 최악의 미팅 방법이 있는데요. 미팅에 스폰서를 모시고 가면서 스폰서가 동참한다는 이야기를 초대자에게 이야기하지 않는 것이지요."

"헉!"

"사실, 대부분 왕초보 네트워커들이 이와 같은 실수를 합니다. 처음에 자신의 지인과 스폰서와의 미팅을 잡을 때 스폰서가 함께 나온다는 이야기를 하지 않고 나오는 경우가 많습니다. 사업을 전달할 자신은 없고 스폰서와 함께 나온다는 이야기를 하면 미팅 자체가 잡히지 않게 될 것 같은 두려움 때문에 지인 몰래 스폰서를 모시고 나오는 경우이지요."

"그렇군요!"

"부끄러운 이야기지만, 저도 예전에 지인 미팅 때 김유신 스폰서님이랑 같이 갔는데, 동행 여부를 지인에게 이야기하지 않았던 적이 있어요. 김유신 스폰서도 당황했지만, 제 지인이 그날 화가 많이 나서 설명도 듣지 않고 집에 갔습니다. 그리고 다시는 연락하지 말라고 카톡이 왔던 적이 있습니다."

백전백승의 백직설 스폰서의 고백을 듣고 나서 웃음이 터졌다. 저렇게 유능한 사람도 처음에는 실수한다는 사실을 알게 되니 한결 마음이 편해졌다.

"하하하! 백 스폰서님에게도 그런 흑역사가 있으시군요."

"호호호, 물론이지요. 그분 처지에서 보면 지인이 자신을 속인 것이 됩니다. 특히, 일반인들은 네트워크 마케팅 사업에 대한 인식이 좋지 않은데, 자신을 불법 피라미드에 끌어들이고자 했던 사람으로 생각하는 거지요. 그런 경우에는 속았다고 생각하는 순간 마음의 문을 닫아 버리게 돼요. 그러면 김유신 스폰서님이 아니라 스폰서 할아버지가 오셔도 사업을 제대로 전달할 수 없게 됩니다."

"잘 알겠습니다. 절대 그런 미팅은 만들지 않겠습니다!"

1차 미팅을 하는 이유

백 스폰서는 계속해서 질문을 던졌다.

"스폰서와 2차 미팅으로 연결하는 데 있어서 가장 중요한 것이 뭐라고 생각하세요?"

"글쎄요. 멋진 사업 설명, 화려한 언변, 뭐 이런 것 아닐까요?"

"1차 미팅에서는 사장님이 말씀하신 내용이 오히려 독이 되기도 한답니다. 왕초보 네트워커들을 보면 지인과의 1차 미팅을 잡으면 나가자마자 사업설명서를 꺼내 자신의 이야기만 죽 나열하는 경우가 많습니다. 그래서 많이들 실패하지요."

그 순간 첫 리크루팅 현장에서의 내 모습이 떠올랐다. 미팅 현장에 도착하자마자 친구를 잡고 사업 설명을 한 시간 동안 멋지게 진행했다. 자신 있게 전달했다고 생각했는데, 친구는 화를 내며 가버렸다.

"지금부터 1차 미팅에서 성공하는 최고의 노하우를 알려드릴게요!"

One Point Lesson 30
1차 미팅 성공 노하우

 사람은 목적을 가지고 자신을 만나려는 사람에게 거부감이 생긴다. 오랜만에 만나자고 하고서는 만나자마자 다단계 사업 이야기를 꺼내면 뭔가 속은 기분도 들고 다시는 만나고 싶지 않을 것이다. 결국, 인간관계까지 어그러지는 경우를 많이 본다. 왕초보 네트워커들이 사업 전달을 주저하는 가장 큰 이유이기도 하다. 그러니 1차 미팅의 목표를 정확히 하고 이에 맞춘 공략법도 공개한다.

1) 1차 미팅의 시작

1차 미팅의 시작은 상대방과의 관계 개선은 물론, 상대방의 상황을 체크하는 것이다. 전문 용어로는 '사업 타이밍'이 있는지를 판단하는 것이다. 부업거리가 필요하다든지, 이직을 생각한다든지, 배우자 몰래 돈이 필요한 상황이 생겼는지 등을 다양한 질문을 통해서 자연스럽게 파악하는 것이 중요하다.

네트워크 마케팅 사업은 타이밍 싸움이다. 사업이 필요한 타이밍이 왔을 때 사업을 시작한다. 하지만, 직접 만나서 이야기를 할 때까지는 누가 사업 타이밍이 되었는지를 파악하기 어렵다. 그래서 1차 미팅을 하는 것이다. 사업 타이밍이 맞지 않는 사람은 대통령 할아버지가 와도 2차 미팅으로의 연결이 어렵다.

2) 1차 미팅의 핵심은 바로 호기심 자극

사업 타이밍이 맞는 사람이 있다면, 그때는 사업을 전달하면 된다. 다만 사업에 대해 모든 정보를 주기보다는 호기심을 가질 정도로만 이야기해주는 것이 좋다. 리크루팅의 핵심은 바로 호기심이기 때문이다.

사업을 시작할 때 제품을 과용하라는 조언을 했다. 제품 과용의 효과는 바로 이때부터 시작된다. 일단 화장품, 건강기능식품을 집중적으로 사용하면 얼굴에서 번쩍번쩍 빛이 난다든지 살이 빠지는 등 긍정적인 신체 변화가 생겨나기 시작한다. 그러면 오랜만에 만나는 지인은 보통 이런 질문을 하게 된다.

· 요즘 피부 관리받니?
· 요즘 운동하니? 살 많이 빠졌다.
· 너 멋있어졌다. 비결이 뭐니?

이런 질문이 나올 때가 사업을 전달할 최고의 타이밍이다. 단, 이때도 역시 호기심을 자극할 만한 정보만 전달해야 한다.

· 요즘 돈이 필요해서 부업 하나 시작했는데, 제품이 생각보다 괜찮네.
· 그러게. 요즘 그런 이야기 많이 들어. 얼마 전 작게 사업 하나 시작했는데 효과가 좋아서 아주 만족스러워. 요즘 나 변한 것 좀 봐. 돈도 벌고 나도 좋게 바뀌니 말이야.

상대방이 변화된 모습을 직접 보면서, 돈까지 벌었다고 하면 대부분 사람은 궁금해한다. 이때는 사업을 시작한 지 얼마 되지 않아 아직은 사업 설명을 잘하지 못한다고 이야기하면서 스폰서와의 2차 미팅으로 연결하면 된다.

3) 예외 케이스 – 변한 모습에 호기심을 못 느낄 때

나의 변한 모습에 둔감하게 반응하는 사람도 분명 있다. 알면서도 자존심 때문에 이야기하지 않는 사람도 있다. 사업 타이밍에 있는 사람이라면 그 사람의 욕구에 맞추어 사업을 전달할 수 있다. 보통 부업을 찾거나 경제적으로 문제가 있는 경우, 경력 단절로 일을 하지 못하는 경우, 직장을 그만두고 창업을 고민하는 경우라면 타이밍에 맞추어 이렇게 답하면 된다.

· 그러게, 나도 비슷한 고민이 있었어. 그러다가 부업 하나 시작했는데 생각보다 돈도 되고, 즐겁게 일하고 있어.
· 너도 고민이 많았구나. 나도 얼마 전까지 비슷한 고민을 하다가 일을 하나 찾았지. 제품에 대한 확신도 들고, 행복하게 일하고 있어.

네트워크 마케팅 사업은 확률 게임이다. 10명에게 사업을 전달하면 통상 4~5명 정도가 2차 미팅으로 연결되며, 이 중 2명 정도가 사업을 시작한다. 결국 상당수가 사업 타이밍에 들어와있다는 것을 의미한다. 지금 바로 현장으로 나가 1차 미팅을 진행하자. 그리고 미팅의 양을 늘리자. 많은 수의 1차 미팅은 반드시 성과로 돌아온다.

지인에게 거절 받지 않는 '소개법' 리크루팅

"스폰서님! 그런데 저 같은 왕초보 네트워커에게는 알려주신 1차 미팅법으로 사업을 전달할 수 있는 사람이 한정적인 것 같아요."

"네, 지금 알려드린 방법은 사장님께서 상대적으로 편한 사람들에게 진행하는 1차 미팅법이에요. 지난번에 저와 명단 작성하실 때 나온 1차 명단을 대상으로 한 미팅법이라고 보시면 돼요."

"맞아요. 사업을 전달하기 불편한 사람, 나보다 잘난 사람들에게 이렇게 이야기하기는 영 자신 없어요!"

"네! 그래서 지난번 명단 작성할 때 1차 명단과 소개법 명단을 분류한 것입니다. 소개법 명단에 계신 분들이 보통 커넥터일 가능성이 매우 높습니다. 종종 우리가 궁극적으로 찾고 싶은 셀프 리더인 경우도 있고요! 이런 분들에게는 사업을 전달하는 또 다른 방식이 있어요. 바로 '소개법'이라는 리크루팅 방법입니다."

나보다 잘난 사람에게 사업을 전달하는 소개법

소개법은 내 머릿속의 지우개가 지워 버린 명단, 즉 나보다 잘난 사람, 돈 많은 사람, 사회적으로 성공한 사람들에게 사업을 전달할 때 쓰는 방법이다. 소개법에는 크게 간접 소개법과 직접 소개법이 있다. 이들 소개법은 자신이 사업을 시작했는지에 대해서 밝히지 않는 것과 밝히는 것에 차이가 있을 뿐 전체적인 내용은 비슷하다.

1) 간접 소개법

현재 자신이 부업을 알아보는 단계라고 이야기하고, 그중 가장 괜찮은 사업을 찾았는데 내가 이 사업을 해도 되는지에 대해서 조언을 듣고 싶다고 이야기한 후 스폰서와의 2차 미팅을 진행하는 방법이다.

〈간접 소개법 대본의 예시〉

'형님, 제가 요즘 돈이 필요해서 부업을 하나 고민하고 있습니다. 그런데 경기도 안 좋고, 창업 비용도 많지 않아 프렌차이즈 창업 같은 것은 포기했고 네트워크 마케팅 사업을 알아보고 있어요. 물론, 다단계라는 이미지가 강해서 사업이 좀 어렵기는 하지만, 창업 비용이 적고 좋은 회사들이 생각보다 많더라고요. 그래서 몇 개 회사를 검토하다가 가장 괜찮은 회사를 하나 선택하고 고민 중입니다. 그런데 아직도 많이 망설여져요.

그래서 형님께 하나 부탁드릴 일이 있습니다. 형님이 이 사업이 제가 시작해도 되는 사업인지 좀 판단해주시고 조언을 해주셨으면 합니다. 형님은 저보다 사회 경험도 많으시고 식견도 좋으시니, 형님의 판단이라면 제가 믿고 사업 진행 여부를 판단할 수 있을 것 같습니다. 형님에게 사업을 같이 하자는 것은 아니니 걱정하지 마세요. 제가 사업을 설명하기에는 아직 무리가 있어서 저번에 저에게 사업을 설명해준 분께 부탁드려서 객관적으로 사업에 대해서 들어볼 수 있는 시간을 마련해 보겠습니다. 제 인생이 걸린 일이니 귀중한 시간 꼭 할애해주셨으면 합니다.'

2) 직접 소개법

현재 자신이 사업을 시작했고 지인을 통해서 좋은 리더를 소개받고 싶다고 밝힌 후 스폰서와의 2차 미팅을 진행하는 방법이다.

〈직접 소개법 대본의 예시〉

'형님, 제가 요즘 돈이 필요해서 부업을 하나 시작했어요. 바로 네트워크 마케팅 사업입니다. 굉장히 신중의 신중을 거듭해서 고민한 끝에 가장 좋은 사업을 정했습니다. 너무 걱정하지 마세요. 형님에게 사업을 같이하자고 하는 것은 아닙니다. 형님은 잘되는 사업도 있으시고 바쁜데요. 다만, 이 사업은 나보다 사업을 더 잘할 사람을 찾아 파트너로 만들어야 하는 사업이라고 하더라고요. 그런데 제 주위에는 그런 사람들이 영 없어서 말이지요. 그래서 저보다 훨씬 나은, 그리고 인생에서 성공한 형님에게 혹시 저와 함께 일할 수 있는 분이 있다면 소개를 해주셨으면 합니다.'

(소개해 준다고 동의해 준다면……)

'형님, 소개해주신다니 감사합니다. 그런데 전 이 사업에 가장 적합한 사람을 소개받고 싶어요. 형님도 바쁘신 데 시간을 낭비하면 안 되기 때문입니다. 그래서 형님이 이 사업을 들어보시고 가장 적합한 추천인을 소개해 주셨으면 합니다. 아직은 제가 사업을 시작한 지 얼마 되지 않아 사업 소개 잘하는 사람에게 부탁드릴 터이니 꼭 시간 내서 들어주세요. 형님께 사업하자는 것은 아니니 걱정하지 마시고요. 제 인생이 걸린 일이니 귀중한 시간을 꼭 할애해주셨으면 합니다.'

직접 소개법과 간접 소개법의 공통점과 차이점은 명확하다. 먼저 공통점은 사업을 같이하자고 제안하는 것이 아니라, 사업에 대해서 들어보고 조언자로서 사업성을 판단해 달라고 하는 것이다. 차이점은 사업의 시작 여부를 밝히는가이다.

왕초보 네트워커들이 겪는 최대 문제점은 바로 지인에게 사업을 어떻게 전달할 것인가이다. 이를 해결해주는 것이 바로 소개법이다. 사업을 직접 전달하는 것이 아니니 부담감은 훨씬 덜하다. 게다가 조언자의 역할을 지인에게 요청하는 것이라 상대적으로 거절의 확률도 낮은 편이다. 그리고 가장 중요한 것은 1차 명단에서 나오지 않은, 나보다 잘나고 어려운 사람에게 스폰서의 입을 통해 사업을 객관적으로 전달할 수 있다는 것이다.

아무리 잘난 사람이라고 해도 사업 타이밍은 있기 마련이다. 필자의 파트너 중에는 빌딩 부자, 의사, 변호사, 현금 부자 등 다른 사람이 보았을 때 사업이 필요 없어 보이는 사람들이 상당수이다. 그런데 이들은 지금 열심히 사업을 진행 중이다. 그 사업의 시작은 바로 소개법에서 시작되었다.

사회적으로 성공한 사람들은 네트워크 마케팅 사업을 제대로 들어본 적이 없다. 주위에서 전달도 하지 않았을뿐더러 불법 피라미드라는 편견에 빠져 있는 경우가 허다하다. 그런데 믿을 만한 사람이 와서 자신이 부업을 고민 중인데 이 부업을 평가해줄 수 있는 식견을 빌려달라고 한다면, 네트워크 마케팅 사업이라고 해도 객관적으로 들어줄 용이가 생긴다. 미팅의 목적이 자신을 리크루팅하기 위함이 아니라 내 지인의 미래를 위한 사업 평가이기 때문에 객관적인 자세를 유지할 수 있다.

네트워크 마케팅 사업은 불법 피라미드라는 편견만 걷어내면 성공한 사람들에게도 아주 매력적인 사업 중 하나다. 초기 투자금도 적고, 직원 급여도 들지 않고, 나이가 들어서까지 영위할 수 있는 안전한 사업이기 때문이다. 객관적인 정보가 전달된다면, 상대방이 사업을 시작할 확률은 높다.

거절당한 명단은 유지법으로 꾸준히 관리하자

소개법을 배우고 나니 머릿속에서 갑자기 '유지법 명단'으로 작성했던 리스트가 떠올랐다.

"스폰서님, 지난번에 명단을 작성할 때 유지법이라고도 있었던 것 같은데요. 제 기억이 맞지요?"

"호호호, 네, 맞습니다. 유지법은 별 것 없습니다. 처음에 명단에서 접촉했던 분 중 사업을 거부하셨던 분들과 관계를 꾸준히 유지하는 것을 의미합니다."

"사업을 거부하신 분은 거부하는 순간 끝이 아닌가요?"

"아닙니다. 한번 명단에 있는 분의 경우 타이밍이 맞지 않아 사업을 거부하신 분들이 상당수 있습니다. 사장님께서 사업을 시작하시고 이를 통해서 돈을 버신다면, 그분들이 적절한 시기가 되었을 때 사업을 시작할 가능성이 생기는 것이지요."

하지만 사업을 거절한 사람과도 꾸준히 접촉하라는 말은 잘 이해가 가지 않았다.

"우선 두 가지 예를 들어볼게요. 제가 겪은 일입니다. 제가 사업을 처음 시작했을 때 사업을 전달한 타 회사 네트워커가 있었어요. 그분은 저보다 1년 정도 사업을 먼저 했던 리더이셨는데, 제가 탐이 나서 사업을 전달했습니다. 그런데 그때는 사업을 거부하셨습니다. 본인 사업에 집중하겠다고 말이지요. 저는 당시 유지법을 알지 못했기 때문에 그냥 명단에서 이름을 지워 버렸지요. 그리고 잊고 지냈어요."

"그런데요?"

"6개월이 지나고 그분을 우리 회사에서 뵙게 되었습니다. 다른 분께서 사업을 전달하셨는데, 우리 사업자가 되신 거예요. 그런데 더 중요한 것은 그분이 우리 사업을 시작한 지 2개월 만에 다이아몬드 직급에 도달했다는 것입니다. 제가 그때 깨달았어요. 좋은 리더감은 명단에서 지우지 말고 꾸준히 연락을 해야 한다는 사실을요."

One Point Lesson 32

타사 네트워커는 타이밍을 기다리자

타사 네트워커들은 유지법으로 투자할 만한 충분한 가치가 있다. 네트워크 마케팅 사업 경험만으로도 내 산하에 큰 도움이 되기 때문이다. 하지만 이들은 이들만의 독특한 타이밍이 있다. 자신의 사업에 대해서 올인하고 빠져 있을 때는 어느 누가 설득한다고 해도 답이 없다. 네트워크 전문 용어로는 '독기'라고 하는데 독기가 올라 있을 때는 1차 미팅을 통해서 관계만 터 놓고 유지법으로 관리하면, 언젠가 사업 파트너가 될 가능성이 크다.

보통 네트워크 마케팅 사업에 369 법칙이 있다. 사업을 시작하고 3개월 차, 6개월차, 9개월차에 위기가 온다는 것이다. 이를 버티면 3년을 가고, 6년을 가고, 9년을 가고, 평생을 간다는 것이다. 보통 네트워커들은 위기가 오는 시점에 다른 회사로 눈을 돌린다. 이때 고려하는 대상은 나와 연락을 하고 관계를 유지하고 있는 사람이 사업도 잘되는 것 같고 행복해 보이면 그 사업에 대한 관심이 생긴다. 바로 사업 전달의 적기가 된다. 성공 확률도 매우 높다. 타사 네트워커를 영입하기 위해서는 아래의 두 가지를 반드시 유념해야 한다.

1) 상대방의 사업이나 제품에 대해서 존중해 주기

미팅 장소에 나가서 '우리 제품이 최고다', '우리 회사가 최고다'라는 이야기만 하다가 서로 감정만 상해서 오는 경우가 많다. 이러면 유지법도 소용없어진다. 네트워커를 만날 때는 '네트워크 마케팅 회사의 모든 제품은 다 좋다.', '회사마다 장점이 충분히 있기 때문에 몇십억에서 몇백억, 몇천억의 매출을 올리는 것이다.', '우리 회사도 좋지만, 상대방의 회사도 좋다.', '나는 그 사람과 그 사람의 회사를 존중하겠다'라는 생각으로 나간다면, 당장은 아니지만 앞으로 경험 많은 멋진 리더를 모시고 올 가능성이 커진다.

2) 논쟁이 발생하면 져라

논쟁이 발생했을 때 절대 이기려고 애쓰지 마라. 상대방이 옳다고 이야기해주어라. 결국, 승자는 논쟁에서 져주거나 양보한 사람이다. 논쟁에서 이기는 사람은 그 자리에서 빚을 진 것과 같다. 상대방의 의견을 꺾으면 속으로 미안한 마음을 가지게 된다. 이 사람과 지속해서 접촉해 나간다면, 향후 파트너가 될 가능성이 커진다.

백 스폰서의 설명을 듣고 나니 자연스럽게 고개가 끄덕여졌다.

"그러면 유지법은 타 네트워커 리크루팅에만 적용되나요?"

"아닙니다. 아까도 말씀드렸지만, 사장님의 제안을 거부한 사람 모두에게 적용됩니다. 제게 또 다른 경험이 있어요. 디자인 회사를 경영하는 사장님이셨는데, 처음에 미팅했을 때 사업을 거부하셨던 분이십니다. 그런데 워낙 좋은 리더감이어서 한 달에 한 번 정도는 꾸준히 안부 인사를 건넸습니다."

"그리고요?"

"1년 정도 지난 시점에 저에게 전화하셨어요. 우리 회사의 다른 분께서 사업을 전달했다고 하시더라고요. 다시 들어보니 사업 비전이 보였고, 이왕이면 사업을 꾸준히 해왔던 사람과 사업을 하고 싶다고 하면서 전화를 하신 겁니다. 그리고 제 사업자가 되었습니다. 덕분에 저는 좋은 리더감을 모시고 오게 되었지요."

"아, 그럴 수도 있군요!"

"그분은 오신 후 한 달 만에 저희 중간 직급까지 가셨어요. 곧 다이아몬드까지 가실 것 같습니다. 유지법 덕분에 저는 좋은 리더를 얻게 된 것이지요. 그래서 좋은 리더감은 욕심을 내어야 합니다. 꾸준한 유지법이 바로 답입니다."

좋은 리더를 얻으려면 꾸준한 관리가 필요하다는 말에 크게 공감이 되어 가슴 깊이 새겨들었다.

"김 사장님! 그리고 노하우를 하나 더 추가하자면요, 하루 미팅 양을 체크하면 어느 정도의 직급에 도달할 수 있는지 스스로 예측해 볼 수 있습니다. 그 방법을 알려드릴게요."

"우와, 그것참 신기하네요!"

하루 미팅 양이 직급을 결정한다.

 네트워크 마케팅 사업을 시작하고 가장 어려운 일 중 하나가 바로 미래를 예측할 수 있는 지표가 없다는 것이었다. 예를 들어, 앞으로 4주 안에 누군가 다이아몬드 직급에 도전하고자 할 때, 4주 후 결과를 예측할 수 있는 지표가 없으니 중간에 직급 계획이 흐지부지되는 경우가 많았다. 그래서 만들어낸 것이 지금부터 소개할 '미팅 지표'이다.

네트워크 마케팅 사업은 확률 게임이다. 보통 10명에게 사업을 전달하면 평균적으로 2명의 사업자가 나온다고 본다. 실제로는 이보다 성공률이 높은 편으로, 7명에게 전달했을 때 평균 2명의 사업자가 나온다.

그렇다면, 이런 지표를 예측해볼 수 있다. 하루에 한 건의 미팅이 계속 진행된다면, 일주일이면 7명 미팅, 이 중 2명의 사업자가 나온다는 결과를 예측할 수 있다. 이를 4주간 지속하면 한 달에 8명의 사업자가 생기고 결국, 일정 직급에 달성할 수 있다.

이를 바탕으로 만든 것이 바로 '미팅 지표'다. 아래의 자료는 현재 진행하고 있는 '쏠렉'을 바탕으로 만들어 보았다.

하루 미팅 양	4주간 미팅 양	리크루팅 예상 수	예상 직급
	7	2	스태프 (첫 번째 직급)
	14	4	실버 (두 번째 직급)
1	28	8	골드 (세 번째 직급)
2	56	16	루비 (네 번째 직급)
4	112	32	에메랄드(다섯 번째 직급)
8	224	64	다이아몬드

사업자가 다이아몬드 직급을 목표로 한다면 하루에 8건의 신규 미팅을

4주간 진행해야 달성할 수 있다는 산술적인 통계가 나온다. 그런데 여기서 고려해야 할 점은 바로 하루에 미팅 8건을 어떻게 하느냐이다. 일단 한 명이 신규 8명의 미팅을 하루 안에 진행하는 것은 불가능하다. 하지만 산하 파트너 8명이 하루에 한 건의 미팅을 하는 것은 가능하다. 여기에서 미팅 양은 자신을 기준으로 산하 파트너들의 미팅 양을 모두 합했을 때 결과물이다.

앞으로 4주간 산하 파트너가 첫 번째 직급을 목표로 뛰고 있다면, 한 달간 총 7건의 신규 미팅을 할 수 있도록 미팅 계획을 짜주면 된다. 그러면 그 위의 파트너는 한달간 7건의 미팅이 생기는 것이니 본인이 7건의 미팅만 더 추가한다면 실버라는 두 번째 직급에 올라가게 된다. 또 그 위의 직급자는 14건의 미팅이 한 달간 잡히니, 본인이 14건을 소화하거나, 또 다른 파트너에게 14건의 미팅을 나눠줌으로써 세 번째 직급인 골드로 승급할 수 있다.

결국, 직급 계획에 맞추어서 산하 모든 파트너가 미팅을 잡고 같이 일사불란하게 움직이면 사업자가 만들어지고 매출이 만들어져 모두가 직급과 수당을 받게 된다.

만약 월 1,000만 원 소득을 얻는 다이아몬드가 되고자 한다면, 막연한 바람으로 사업을 진행하지 말고, 산하 파트너들과 함께 하루에 8건의 미팅이 4주간 나올 수 있도록 매주 치밀하게 계획을 세우면 된다.

본 '미팅 지표'는 약 6개월간 시험적으로 진행한 결과, 90% 이상의 높은 확률로 맞아떨어졌다. 그러니 오늘부터 바로 산하 파트너들과 미팅 계획을 잡아보자.

매일 실천하는 리크루팅 3.2.1 법칙

"스폰서님! 알려주신 미팅 지표가 정말 좋은 것 같습니다. 제가 이번 달에는 꼭 골드 직급에 도전하고 싶습니다. 그러면 산하에서 하루에 한 건의 미팅이 이루어져야 한다는 건데요. 산하 사업자들과 미팅 양을 늘려갈 방법은 뭐가 있을까요?"

"방법이야 아주 많지요! 매일 리크루팅 3.2.1 법칙을 실현하는 겁니다. 사실 굉장히 간단해요."

〈매일 실천하는 리크루팅 3.2.1 법칙〉

3. 세 명의 예비 사업자에게 카톡 또는 전화하기

2. 두 명의 파트너 사장님들과 소통하기

1. 한 명의 예비 사업자와 미팅하기

"저는 영업사원 출신이라 그런지 매우 익숙한 일과인데, 처음 네트워크 마케팅 사업을 해보신 분들은 익숙해지기까지 아주 어려우셨다고 해요."

"3.2.1 법칙을 실천하면 뭐가 좋은가요?"

"일단 명단이 많아집니다. 그리고 당연히 미팅이 많아지겠지요. 제가 우리 회사에서 다이아몬드 직급에 도달하기 위해서는 산하에서 하루에 몇 건의 미팅이 일어나고 있으면 된다고 했죠?"

"하루에 8건의 신규 리크루팅 미팅이 4주간 돌아가면 다이아몬드가 될 수 있다고 했습니다."

"맞습니다. 산하 파트너들과 함께 리크루팅 3.2.1 법칙을 매일 실현해간다면 예비 명단은 계속 늘어납니다. 미팅 스케줄도 처음에는 하루에 한 건이다가 두 건으로 늘고, 파트너가 후원 미팅을 요청해 3건이 되고…… 점점 더 늘어서 온종일 미팅을 해야 하는 행복한 비명을 지르는 날이 오게 됩니다."

하루 미팅 양을 꾸준히 늘려가면 결국 원하는 직급에 도달하게 된다는 이 가이드는 왕초보에게는 정말 필요한 이야기였다. 하지만 나 같은 부업자는 전업자보다 미팅 양을 늘리는 데 한계가 있을 것 같다는 생각이 불현듯 들었다.

"음, 저 같은 부업자들은 어떻게 해야 하나요?"

"부업자들의 경우도 남은 시간, 주말 시간을 쪼개서 리크루팅 3.2.1 법칙을 실현해 보시면 어느 순간에는 전업보다 부업 소득이 높아지는 결과가 반드시 나올 겁니다."

"알겠습니다. 백 스폰서님의 말씀 하나하나 새겨듣고, 리크루팅 전선에서 꼭 승리하겠습니다. 그동안 감사했습니다."

<hr />

One Point Lesson 34
실패한 네트워커들은 빙빙 도는 삶을 산다

 네트워커에게는 이상한 패턴이 있다. 월 1,000만 원 수익을 가장 쉽게 이야기하면서 정작 거기에 맞는 일을 하지 않는 빙빙 도는 삶을 사는 경우가 상당수라는 것이다.

가장 비슷한 패턴을 보이는 방문 판매원들과 비교해보아도 네트워커들의 일과는 매우 한심한 수준이다. 일단 화장품, 보험 등 방문 판매원의 경우, 매일 아침 9시까지 각 지점으로 출근을 하고 아침 조회 후 예비 소비자들에게 전화 또는 카톡을 통해서 지속적인 접촉을 시도한다. 약속이 잡히면 오후에는 미팅 스케줄을 소화하는 형태로 매일 반복하는 삶을 살아간다. 그러다 보면 소비자들이 점차 쌓여 가고, 결국에 소득이 많이 만들어지는 구조로 변모하게 된다.

그런데 네트워커들의 상당수는 일을 어떻게 해야 할지 모르는 경우가 많다. 본사나 지점으로 출근하는 것도 아니다 보니, 조회나 팀 미팅이 있을 때나 회사에 잠시 얼굴을 비추고, 본사에 나와도 리크루팅을 하거나 소비자를 만드는 생산적인 일이 아닌 스폰서 사장님과 파트너 사장님들 간의 식사 및 커피를 즐기면서 수다 떠는 데 시간을 보낸다. 그리고 집으로 퇴근하면서 '나는 오늘 열심히 일했다'라고 자족을 한다. 이것이 바로 일반적인 네트워커들의 삶이다. 이렇게 성과없는 삶을 이어간다면 다이아몬드는커녕, 3개월 내로 사업을 그만두는 상황이 벌어질 것이다.

네트워크 마케팅 사업은 가맹점을 찾기 위해 꾸준히 명단을 개발하고 미팅을 지속하는 단순하고 반복적인 사업이다. 이를 위해 신규 미팅 양을 꾸준히 늘려나가야 한다. 앞서 소개한 리크루팅 3.2.1 법칙은 자신의 삶을 컨트롤하는데 익숙하지 않은 네트워커들에게 분명 도움이 된다. 아울러 앞으로 4주간 직급을 설정하고, 이에 따른 미팅 양을 정해주며 확인하는 것도 잊지 말아야 한다.

오래전 연락이 끊어진 사람은 관계 회복하기

백 스폰서님의 백전백승 리크루팅 전략을 공부하고는 하나하나 적용을 해나가다 보니 3명에서 시작한 명단이 50명 이상으로 늘어나 있었다. 명단을 작성하던 중 정말 리크루팅하고 싶은 사람의 명단이 떠올랐다. 바로 정똑순이었다. 전 회사에서 최고의 성과를 냈던 직원이었고, 성향도 김의심 유통회사의 핵심 인재가 될 수 있는 최적의 조건을 지닌 사람이다. 하지만 그동안 관계가 소홀해서 어떻게 접근해야 할지 모르고 끙끙거리고 있었다.

"김유신 스폰서님. 오랜만입니다. 바쁘신 몸인지라 얼굴 보기가 힘들군요."

"허허허, 김 사장. 백직설 사장과의 리크루팅 과외는 잘했어?"

"그럼, 많이 배웠어. 특히, 소개법이 정말 유익하더라고. 처음에 지인들에게 어떻게 사업을 전달할까 고민을 많이 했었는데, 소개법을 쓰니 처음에 말하기도 편하고 스폰서와의 2차 미팅이 잡히는 것을 보고 정말 깜짝 놀랐어."

백 스폰서에게 배운 소개법은 정말 기가 막힌 리크루팅 기법이었다. 처음에 어떻게 사업을 전달할까에 대한 고민을 해결해줬고, 2차 미팅까지의 성사율도 비교적 높았다. 미팅이 성공하다 보니 사업에 대한 자신감도 붙기 시작했다.

"처음에 나도 왕초보 네트워커였을 때, 겪었던 문제를 해결해보고자 생각한 리크루팅 방법이야."

"역시 우리 왕초보 네트워커를 위한 최고의 선생님이야. 최고!"

"허허허!"

"소개법으로 전달할 사람을 고민하다 보니 처음에 생각하지 못했던 몇 명이 더 떠오르더라고. 정똑순 기억나지? 우리 회사 영업 분야에 있던 우리 입사 동기 말이야."

정똑순은 회사에 입사했을 때부터 작은 거인이라는 별명이 붙었던 입사 동기이다. 키는 작지만, 무척 야무지고 한번 물면 놓치지 않는 근성으로 입사 초기부터 여러 가지 일화를 남기며 유명 인사가 되었던 인물이다.

"아, 정똑순. 그래, 알지. 워낙 영업도 잘했지! 결혼하고 회사를 그만두고 보험 영업한다고 들었던 것 같아."

"그것도 둘째 낳고 그만두었다고 들었어. 그런데, 그 친구가 워낙 똑 부러지고, 이제 애들도 어린이집 갈 나이가 된 것 같아서 우리 사업을 하면 정말 잘할 것 같거든. 유신 사장 의견은 어때?"

"둘이서 꽤 친하게 지냈잖아. 똑순 씨 사업하면 잘할 것 같아."

"그런데 문제는 그 친구와의 관계 유지가 되고 있지 않았다는 거야. 연락을 안 한 지 한 3년 정도 되었나? 이런 사람에게는 어떻게 사업을 전달해야 할까?"

정똑순을 영입하면 '김의심 유통회사'의 앞날이 밝을 것 같다는 확신은 들었지만, 그동안 너무 관계 유지를 해놓지 않아 갑자기 연락하면 영입은커녕 의심만 사게 될 것 같아 혼자 밤새 끙끙 앓았다.

"이런 경우는 관계 회복이 우선이야. 10년간 연락 없던 친구가 갑자기 전화 오면 '셋 중 하나겠구나'라고 생각하지. 결혼이나, 부모님이 돌아가시거나, 아니면 보험을 들어달라고 하거나. 그래서 반갑지 않은 경우가 많아."

"나도 그렇게 될까 봐 걱정되어서 그래. 이 친구는 정말 잘할 것 같은데 말이야."

"뭘 망설여? 당장 카톡이라도 보내."

"너무 오랜만에 연락하면 이상하게 생각할 것 같은데……."

"해보지도 않고 지레 겁부터 먹지 말고 이렇게 해보면 좋아. 보통 사람들이 일 년에 한 번 정도는 카톡을 정리하는 경우가 많아. 카톡을 정리하다 보니 반가운 이름이 보여서 안부 인사 전한다고 그러면 대부분 사람은 이 사람이 목적을 가지고 연락을 했다는 불쾌감이 훨씬 줄어들어."

"그래, 일리가 있네. 나라도 그럴 것 같아."

"일단 카톡으로 서로의 안부와 함께 현재 하는 일, 상황 등에 대해서 가볍게 이야기하면서 관계 회복을 하는 거지. 그리고 나중에 근처에 가면 식사나 같이하자고 이야기하고. 그 후 며칠 지나서 메시지를 남기며 간단하게 커피나 식사를 하고 1차 미팅을 해 봐. 사업 타이밍인지 아닌지, 그때 체크하고 말이야. 2차 미팅이 잡히면 바로 전화해줘!"

1. 카톡 정리 중 반가운 이름이 보여 연락한다고 하면서 관계를 튼다.

2. 카톡으로는 간단한 안부 정도만 묻고, 관계를 트는 것에만 주력한다.

3. 일주일 정도 지난 후, 전화 또는 카톡을 통해 식사 또는 커피 미팅 약속
   을 잡는다.

4. 1차 미팅에서는 관계 회복이 우선이고 사업 전달 타이밍인지 질문을
   통해서 체크한다. 사업 전달 타이밍이 된다면 호기심을 유발하고 2차
   미팅으로 연결한다.

회사 프로모션을 리크루팅에 적극 활용하자

"주 스폰서님, 오래간만입니다. 점점 더 아름다워지시네요."

"호호, 우리 김 사장님은 점점 더 넉살이 늘어가시는데요?"

"오늘 사업자들이 왜 이렇게 열정 충만이지요?"

"아! 아직 모르셨군요. 어제 회사에서 프로모션 발표가 있었어요.

그래서 사업자들이 그 프로모션 때문에 흥분해서 그렇습니다."

One Point Lesson 35
회사 프로모션은 리크루팅에 큰 도움이 된다

네트워크 마케팅 회사는 보상 플랜 외에도 사업자의 사업 증진을
위해 시즌에 따라 프로모션이라는 것을 건다. 보통 네트워크 마케

팅 회사의 프로모션은 세 가지 정도로 나뉜다.

1) 여행 프로모션

일정 목표를 도달하면 해외여행을 보내주는 프로모션으로 통상적으로 일 년에 두 번 정도 가는 것이 보통이다. 보통 발리, 하와이, 북해도, 싱가포르 등을 가며 5성급 호텔과 최고의 음식이 제공되기 때문에 기존의 패키지 여행과는 크게 차별화된다.

2) 직급 프로모션

비정기적으로 진행되는 프로모션으로 직급 달성 매출을 절반으로 책정하여 직급 승급을 쉽게 만들어 주는 프로모션이다. 예를 들어, 에메랄드 매출을 달성하게 되면 다이아몬드 직급을 주거나 다이아몬드 직급을 달성하면 더블다이아몬드 직급을 주는 것이다. 회사의 매출이 좋지 않거나 회사가 한 단계 매출 점프가 필요할 때 활용한다. 네트워크 마케팅 회사에서 진행하는 프로모션 중 가장 강력한 프로모션이다.

3) 수당 프로모션

직급 수당을 두 배 정도로 책정해서 주는 프로모션이다. 예를 들어, 다이아몬드 지급에 도달할 경우 1,000만 원의 승급 보너스를 주는 것은 물론 여기에 1,000만 원을 추가로 제공한다.

이들 프로모션은 회사의 매출 상황에 따라 정기적 또는 비정기적으로 진행된다. 이 지급 프로모션을 리크루팅에도 적극적으로 활용할 수 있다. 리크루팅 진행 시 두 배의 직급 수당이 나오기 때문에 빨리 사업에 조인해서 사업을 진행하자고 사람들을 설득할 수 있기 때문이다.

리크루팅 확률을 높이는 2차 미팅 방법

회사에서 직급 프로모션을 발표한 후 평소에 움직임이 둔했던 사업자들도 없던 명단을 찾고 미팅을 하는 활발한 모습들을 카톡을 통해서 확인할 수 있었다.

'이래서 프로모션을 리크루팅에 활용하라는 거였구나! 나도 이번에는 꼭 루비까지 도전해 봐야지.'

마음가짐이 바뀌었을 뿐인데 명단이 늘어가고 1차 미팅의 횟수도 많아졌다. 그리고 꼭 리크루팅 하고 싶었던 정똑순에게 사업을 전달했고, 스폰서와의 미팅을 잡아달라고 회신이 왔다. 뛸 듯이 기뻤다. 그리고 마침 본사에 있던 백 스폰서님에게 2차 미팅을 부탁했다.

"백 스폰서님, 굿모닝입니다. 혹시 금요일 오전에 시간 되세요? 2차 미팅이 잡혔는데 백 스폰서님이 같이 가시면 리크루팅 확률이 높을 것 같습니다."

"네, 2차 미팅은 언제라도 환영입니다. 시간과 장소 그리고 미팅하실 사장님의 정보를 부탁드려요. 제 프로모션 잘 해주시고요!"

갑자기 자신의 프로모션을 하라는 말에 당황했다.

"프로모션이요? 그게 뭐예요? 회사에서 진행하고 있는 두 배 프로모션을 알려놓으라는 건가요?"

그 말에 백 스폰서가 웃으며 또박또박 말했다.

"아니요, 사장님! 제 프로모션이요!"

스폰서의 확실한 프로모션이 리크루팅 확률을 높인다

아무리 스폰서의 소득이 높고, 사업에서 성공한 사람이라고 해도 미팅 자리에 나온 예비 사업자에게 있어 스폰서는 한 명의 다단계 꾼일 뿐이다. 일단 이런 인식 속에서는 아무리 설명을 잘하는 스폰서라고 한들 리크루팅이 어려울 수 있다.

이에 리크루팅 확률을 높이기 위해서 예비 사업자와 스폰서와의 심리적 격차를 최대한 벌려 놓는 것이 필요하다. 다시 말해 스폰서를 대단한 사람으로 만들어 놓는 것을 의미한다. 이를 네트워크 마케팅 전문 용어로 '스폰서 프로모션'이라고 한다. 일단 초대자와 스폰서와의 격차가 많이 벌어져서 스폰서가 어렵고 대단한 사람 그리고 오늘 특별히 '당신에게만 미팅을 해주는 것이다'라는 것을 인지시킨다면 예비 사업자의 초기 미팅 태도가 달라지고, 그만큼 리크루팅 확률이 올라가게 된다.

예비 사업자와 스폰서의 격차를 벌릴 수 있는 방법은 벌어들이는 수익, 직급 같은 요소 말고도 여러 가지가 있다. 바로 초대자가 스폰서에게 대하는 태도가 그 격차를 벌리는 열쇠이다. 격차를 벌리는 초대자의 태도는 다음과 같다.

1) 리크루팅 성공 확률을 높이는 초대자의 태도
- 바쁜데도 불구하고 스폰서가 오늘 미팅 자리에 오는 것을 초대자에게 인지시키기
- 약속 시각 이전에 도착해서 가장 조용한 자리를 맡아 놓기
- 초대자가 벽을 바라보게 하고 자리 배정하기
- 커피숍이라면 스폰서의 음료는 먼저 시켜 놓기

- 스폰서가 등장 시 깍듯하게 인사하고 감사하는 마음을 충분히 표시하기
- 사업 설명을 시작하면 처음 듣는 사업 설명처럼 집중하고 지속해서 호응하기
- 미팅 종료 후 배웅하며, 오늘 미팅을 후원해 주어서 감사하다는 마음을 충분히 표시하기

2) 리크루팅 확률을 떨어뜨리는 초대자의 태도
- 스폰서보다 약속 시각에 늦게 도착하기
- 스폰서가 음료를 사게 하기
- 스폰서 등장 시 자리에 앉아서 인사하기
- 스폰서보다는 예비 사업자를 더 존중하며 소개하기
- 사업 설명 시 휴대전화만 만지작거리며 들락날락하기
- 스폰서가 잘못 설명한 것이 있으면 끼어들고 나서서 바로잡기
- 미팅 종료 후 '너는 가라' 식으로 인사하기

초대한 사람의 태도가 그날의 미팅 성공을 좌우한다. 무조건 스폰서를 어렵고 대단한 사람으로 만들어야 리크루팅 확률을 높일 수 있다.

"마지막으로 미팅 전 스폰서에게 예비 사업자의 신상 정보에 대해서 자세히 알려주시기 바랍니다. 스폰서에게 정보가 많을수록 그분의 핫스팟을 집중적으로 공략할 수 있기 때문입니다."

"스폰서에게는 예비 사업자 정보를, 예비 사업자에게는 스폰서와의 심리적 격차를 최대한 벌여 놓는 것, 꼭 명심하겠습니다."

보디랭귀지로 보는 미팅의 성공 여부

앞에서 설명한 '호일러의 법칙'에 따르면 A(스폰서), B(초대자), C(예비 사업자) 세 사람이 등장하는데, B(초대자)의 역할에 따라 그날의 리크루팅 성공 여부가 결정된다. 사실 수많은 후원 미팅을 나가게 되면 C(예비 사업자)의 첫 모습만 보아도 그날의 리크루팅 성공 여부를 판단할 수가 있다.

B(초대자)가 A(스폰서)의 프로모션을 제대로 하지 않고, 미팅 장소에 억지로 끌려나오는 사람들은 대부분 부정적인 보디랭귀지를 하고 있다. 팔짱을 끼고 있거나, 다리를 꼬고 있거나, 의자에 누워 있듯이 앉아 있는 경우가 바로 '부정의 보디랭귀지'이다. 이는 미팅 전부터 '나는 안 듣겠다'를 선전 포고하는 것이나 다름없다. 이런 경우는 아무리 리크루팅을 잘하는 스폰서가 미팅해도 성공 확률이 극히 낮다.

그래서 사전에 B(초대자)가 C(예비 사업자)에게 부정의 보디랭귀지가 나오지 않도록 작업을 잘해 놔야 한다. 미팅의 목적, 오늘 나오는 A(스폰서)의 프로모션을 제대로 해 놓는다면, 최소한 부정의 보디랭귀지를 하고 있지는 않기 때문이다.

이와 반대로 긍정의 보디랭귀지도 있다. 사업 설명 도중 팔짱을 풀 때, 다리를 꼬고 있다가 다리를 풀며 자세를 바르게 고쳐 앉을 때, 스폰서와 앉아 있는 거리가 가까워질 때, 스폰서가 이야기한 내용에 대해서 웃음을 보이거나 눈동자가 돌아갈 때, 이런 보디랭귀지는 이 사업에 대해서 긍정적인 면을 발견했다는 무언의 표시이다.

숙련된 스폰서는 이런 긍정의 보디랭귀지가 나오는 시점을 포착하고 이를 집중적으로 물고 늘어짐으로써 리크루팅 성공 확률을 높인다. 예를 들어, 화장품의 효능에 관해서 이야기했는데, 갑자기 팔짱이 풀어진다면 화장품의 효능을 더욱더 집중해서 이야기하고, 돈 버는 플랜에서 자세가 고쳐졌다면, 보다 쉽게 돈을 벌 수 있는 플랜을 집중해서 이야기해준다. 핫스팟을 물고 늘어지면, 그날 리크루팅 성공 확률은 눈에 띄게 높아진다.

관계의 끈을 꾸준히 만들어가기

"김 사장님은 이해도가 굉장히 빠르신 편입니다. 분명 다이아몬드가 되실 거예요! 리크루팅 관련해서 어느 정도 공부를 하신 것 같으니 이제 마지막으로 한 가지만 당부드리고자 합니다."

"네! 말씀 주세요!"

"네트워크 마케팅 사업은 명단에서 시작해서 명단으로 끝나는 사업입니다. 명단이 늘어나면 사업이 성공하고, 줄어들면 사업이 점차 위태로워진다고 보아야지요! 그래서 자신의 명단을 꾸준히 늘려가는 것이 중요한데, 그 방법이 사실 만만치는 않아요!"

"그렇죠! 제 인맥도 한계가 있을 테니 말이지요!"

"맞습니다. 그래서 명단 개발을 위해서 꾸준한 관계를 형성하는 것이 매우 중요합니다. 관계 형성에 공을 들이느냐 마느냐에 따라서 네트워크 마케팅 사업의 최종 성과가 결정납니다. 지금부터 들려드릴 사냥꾼과 농사꾼 이야기를 들어보세요."

사냥꾼이 될 것인가? 농사꾼이 될 것인가?

 네트워크 마케팅 사업은 관계 사업이다. 사람과 사람 사이에 신뢰가 있으면 제품과 사업 전달이 쉬워지고, 결국 내 고객이 되거나 사업 파트너가 된다.

그런데 많은 사람이 이 관계를 만드는 데 투자를 하지 않고 단 기간에 파트너를 사냥하는 데만 집중한다. 이러한 성향을 가진 사람을 '네트워크 마케팅 사냥꾼'이라고 한다. 자신이 가진 명단의 사람들에게 사업을 전달하고 그들이 거절하면, 그 명단에서 지워버리고 다음 사람에게 공을 들이는 형태로 리크루팅을 전개한다.

이들의 특징은 한 번 사업을 거절한 사람은 다시 돌아보지 않는다는 것이다. 특히, 오래도록 관계가 끊어졌다가 갑자기 연락해서 만나자고 해놓고는 사업을 하지 않는다고 의사 표시를 하면 그 후부터는 전혀 연락하지 않는다. 이런 사람들이 많아 '다단계꾼들은 상종하면 안 돼'와 같이 좋지 못한 소리를 듣게 된다. 관계를 기반으로 한 사업은 방문 판매이든지, 네트워크 마케팅 사업이든지 경작을 하듯이 공을 들여야 한다. 처음에는 가지고 있는 제품 전달을 통해 호기심을 쌓아나가고, 어느 정도 관계가 되고, 사업 타이밍이 된 시점에서 사업을 전달해야 한다. 혹여 사업을 거절하더라도 꾸준히 연락하여 '목적을 가지고 나에게 접근한 것이 아니구나'를 알리고, 이들을 통해서 소개 명단을 더 받아내는 것이 중요하다.

네트워크 마케팅 사업만 거절한 것이지, 인생에서의 관계까지 거부한 것이 아니기 때문에 경작해나가듯 하나하나 관계를 만들어가면서 사업을 한다면 분명 명단은 꾸준히 늘어나고, 결국에는 수많은 리더가 사업을 같이 하는 결과를 만들 것이다.

시스템을 통해
파트너 복제하기

리크루팅 후 제일 중요한 48시간

"유신아, 자니?"

"김 사장, 밤늦게 왠일이야?"

"너무 기분 좋아서 전화했다. 나 정똑순 사장 영입했다."

"오호? 리크루팅했다는 거지? 정말 축하한다. 똑순이 엄청나게 사업 잘할 거야."

유신이가 충고해준 대로 카톡으로 관계 개선하고, 1차 미팅을 통해 사업 타이밍 여부를 체크했다. 다행스럽게도 마침 부업을 고민하던 차여서 백 스폰서와 2차 미팅을 잡아 진행했다. 그리고 그 자리에서 사업을 결정하게 된 것이다.

"그러게, 이야기했잖아. 네트워크 마케팅 사업은 타이밍 사업이라고. 하여간 축하해. 좋은 파트너를 만들었으니 사업이 번창할 일만 남았네. 그런데 말이지 리크루팅했다고 해서 그 사람이 사업자라고 생각한다면 오산이야."

"그래? 사업자 사인하고 초도 물품까지 구매했는데 왜 사업자가 아니야?"

"네트워크 마케팅 사업에서는 리크루팅 후 48시간이 제일 중요해. 보통 사업을 결정하고 초도 물품을 구매한 사람들이 가장 방황하는 시간이거든. '내가 이 사업을 잘 선택한 것인가.', '괜히 카드를 긁었나?', '내일이라도 미안하다고 하고 취소할까?' 등 별의별 생각이 끼어드는 시간이야. 아마 김 사장도 경험해 봤을걸?"

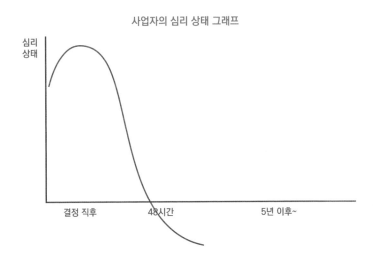

사업자의 심리 상태 그래프

처음 사업 시작하고 집에 회사의 물건 박스들이 도착했을 때가 생각났다. 사업 결정을 잘한 것인가에 대해서 후회막심했던 그 순간을 말이다. 주주부 스폰서님의 충고가 없었다면, 지금, 이 순간 여기까지 오지도 못했을 것이다.

"경험해봤지? 그건 나도 마찬가지였어. 모든 네트워커들이 처음 사업을 시작하고 공통으로 겪는 마의 시간이지. 그래서 리크루팅 후 48시간 이내에 아주 적극적인 케어가 필요해."

"어떤 케어를 해주면 되는데?"

"일단 상위 직급자와 빠른 시간 안에 미팅을 해야 해. 보통은 런칭 미팅이라고 하는데, 직급자와의 미팅을 통해서 사업에 대한 비전을 만들어주는 작업이야. 런칭 미팅 때는 보통 다섯 가지를 이야기해."

〈런칭 미팅 진행 내용〉

1. 네트워크 마케팅 사업 및 회사에 대한 비전 전달

2. 사업을 통해 얻고자 하는 수익 목표 설정

3. 같이 사업하고 싶은 사람 명단 작성

4. 향후 사업 번창을 위해 시스템 참여 안내 및 독려

5. 향후 1주일간 진행해야 할 일

"상위 직급자가 이런 내용을 상담해주면 좀 마음이 놓이겠는걸."

"보통 사업을 결정했을 당시는 사업에 대한 열정이 최고로 높아. 하

지만 시간이 지나면 지날수록 그 열정은 땅으로 떨어지지. 그때 성공한 직급자가 사업에 대한 비전을 다시 한번 보여주고 사업에서 성공하는 방법을 알려주면 신규 사업자는 성공적으로 안착하게 될 확률이 높아져. 그래서 48시간을 절대 놓치면 안 되는 거야."

"알겠어. 똑순이에게 바로 연락해야겠네. 그리고 직급자와의 런칭미팅을 바로 잡을게."

"그래, 나랑 미팅을 잡아줘. 오랜만에 얼굴도 보게 말이지."

사업자는 시스템에 참여할 때 만들어진다

다음날 똑순이와 유신이의 런칭 미팅이 진행되었다. 똑순이도 알던 지인이 네트워크 마케팅 사업을 통해서 성공했다는 것을 보니 사업에 대한 안도감이 큰 것 같았다. 그 자리에서 명단도 15명이나 나왔다.

"와, 역시 직급자가 런칭 미팅을 해주니 다르긴 다르네. 눈빛이 확 달라져."

"허허허, 그게 내 일이야. 그리고 이 사업의 패턴이기도 하고. 사실, 네트워크 마케팅 사업은 굉장히 단순한 사업이기도 해. 리크루팅과 시스템 참여 이 두 가지만 잘하면 되는 사업이거든."

리크루팅 이후가 진짜 사업의 시작

많은 네트워커가 실수하는 것 중 하나가 바로 리크루팅을 하면 끝이라는 생각을 하는 거다. 리크루팅 전까지는 그렇게 공을 들이다가 사업 사인과 함께 내팽개쳐 버리는 경우가 비일비재하다. 이렇게 화장실 전과 후가 다른 사람은 네트워크 마케팅 사업에서 반드시 실패한다.

네트워크 마케팅 사업의 목표는 나와 같이 사업자와 소비자를 만들 수 있는 가맹점을 많이 만들고, 이를 통해 권리소득 파이프라인을 구축하는 것이다. 그렇기 때문에 사업자가 사인하고 나서 바로 직후부터 적극적인 케어를 통해 사업을 어떻게 해야 성공하는지를 자세히 알려주어야 한다. 이를 위해서는 회사의 시스템에 반드시 조인시켜야 한다.

리크루팅 한 당사자가 회사에 대한 A부터 Z까지 성공 시스템을 개인적으로 전수해주면 좋겠지만, 이들은 아직 사업에 대한 파악이 제대로 되어 있지 않고, 사업 성과도 미미하다. 반면, 본사에는 경험 많고 강의를 잘하는 사람들이 시스템 강의를 매일 하고 있다. 이들 강의를 통해 사업하는 방법과 동시에 사업에 대한 확고한 의지도 생겨서 집으로 돌아간다. 업계 전문 용어로는 '쉽 받았다'라고 표현한다.

쉽을 받는 이유는 첫째, 시스템을 통해서 어떻게 사업해야 하는지에 대한 확고한 가이드가 생기니 막연함이 없어지기 때문이다. 둘째, 시스템에 참여하면 수많은 사람이 사업을 하고 있다는 것을 인지하게 된다. 직업도 다양하고 사회적으로 성공한 사람들도 이 사업을 진행하고 있다는 것을 발견하면서 안도감을 느낀다. 셋째, 월 수천만 원을 버는 직급자들을 보면서 사업에 대한 의지를 다지게 된다. 이게 시스템의 무서움이다. 그러니 사업자가 생기면 이 시스템에 무조건 데려와야 한다.

시스템은 사업 열정에 불을 지핀다

사업 성공을 위한 시스템 중 가장 중요한 것이 바로 1박 2일 세미나 참석이라고 한다. 다음 달의 성과를 좌지우지할 수 있다는 말에 그 이유를 확인하고 싶어서 처음으로 1박 2일 세미나에 참석하게 되었다.

"김 사장, 소중한 주말일 텐데 시간 내주어 고마워."

"무슨 소리, 이 사업은 내 사업이잖아. 내가 열심히 해서 빠르게 사업을 이해해야지. 오랜만에 야외에 나오니까 좋네. 설레기도 하고."

"맞아, 1박 2일 세미나는 보통 사업에 지친 마음을 달래는 것도 그 목적 중 하나야."

"그러게 말이야. 그런데 사람들이 엄청나게 참여하네. 주말인데도 말이야."

"응, 대략 천 명 정도 올걸?"

"뭐, 천 명? 다들 열정이 대단한데!"

1박 2일 세미나의 시작 시각이 다 되어가자, 정말 행사장에는 수많은 사람이 속속 당도하고 있었다. 그 큰 세미나장이 꽉 차는 모습을 보니 놀라움을 금할 수 없었다.

"내가 뭐라고 했어. 네트워크 마케팅 사업은 처음 합류할 때는 수동적이다가 점차 능동적으로 바뀌는 사업이라고 했잖아. 자기 사업이니까 다들 열심히 할 수밖에 없지. 그런데 왜 똑순 사장은 안 왔어?"

"사정이 있다고 못 왔어. 아이도 있고 주말에 시간을 내달라고 하기가 좀 뭐해서 같이 가자고 적극적으로 이야기를 못 한 이유도 있고."

"그래? 아쉽지만 하는 수 없지. 김 사장이라도 적극적으로 참여해."

"알겠습니다. 스폰서님!"

생애 첫 1박 2일 세미나가 시작되었다. 직급자들이 한 명씩 나와서 회사에 대한 소개, 사업을 어떻게 해야 하는지에 관해 이야기했다. 또, 본사 직원이 나와서 이번 달 출시될 신제품을 소개하는 등 알찬 시간으로 구성되어 있었다. 1시부터 시작된 세미나는 6시까지 계속되었다. 짧지 않은 시간인데도 중간에 자리를 떠나는 사람을 찾기 어려웠다. 다들 열정적으로 세미나에 집중하는 모습을 보니 나도 승부욕이 생기기 시작했다.

저녁 식사 후에는 직급 인정식 행사가 시작되었다. 지난 한 달 동안 직급이 상승한 사람들을 무대 위로 불러 사람들 앞에서 축하해주는 자리가 진행되었다. 스태프, 실버, 골드, 루비, 에메랄드 직급자들이 단체로 무대로 올라왔다. 그중 몇 명은 자신의 소감을 짧게 발표하고 내려갔다.

드디어 네트워크 마케팅의 꽃이라는 다이아몬드 승급식이 진행되었다. 다이아몬드 이상부터는 한 명씩 무대로 나와 꽃다발과 함께 핀을 받았다. 소감 발표 시간도 다른 직급과 비교가 되지 않을 정도로 길었다. 화려한 그 모습을 보면서 나도 꼭 다이아몬드 직급자가 되고 싶다는 욕망이 일어났다.

"김 사장, 어때? 다이아몬드는 화려하지? '다이아몬드'는 가장 중요한 직급으로, 보통 '네트워크 마케팅 사업의 꽃'이라고도 하지. 산하에서 많은 매출과 사업자를 보유하고 있는 사람들에게 주어지는 영광이야. 그만큼 회사에서도 대우를 해주고."

"그러게, 다이아몬드들의 모습을 보니 나도 하루빨리 다이아몬드가 되어 인정받고 싶다는 생각이 드네."

"그게 바로 1박 2일 세미나에 참석해야 하는 이유야. 세미나에 참석하면 사업하는 방식도 배울 수 있지만, 이러한 랠리를 통해 승급에 대한 욕망을 불러일으켜. 여기에 만약 김 사장 파트너가 함께 왔다면 어땠을까?"

핀을 받는 사람들을 보니 내 마음이 뜨거워졌다. 나도 저 무대에 올라가고 싶다는 욕망이 끓어올랐다. 이 자리에 정뚝순 사장을 데리고 왔으면, 그녀도 똑같이 느꼈을 거고 다음 한 달간 핀 달성을 위해서 같이 열심히 뛰었을 것이다. 같이 데리고 오지 못한 것이 후회되기 시작했다.

"그래서 내가 오는 것도 중요하지만, 내 파트너 몇 명을 1박 2일 세미나에 참석시키느냐가 내 사업의 다음 한 달을 좌우하게 되어 있어! 이 세미나를 통해서 승급하겠다는 목표를 가지고 쉽을 받아간 사람들이 많으면 많을수록 자연스럽게 사업은 발전하게 되어 있어!"

"그렇구나!"

"사업을 잘하는 사람과 못하는 사람은 시스템에 참여한 파트너 수를 보면 바로 알 수 있어! 오늘 이 자리에서 한번 볼까? 내 산하를 중심으로 몇 명이 이곳에 왔는지 한번 세어 봐! 오늘 천 명 사업자 중 내 산하 파트너분들이 100분 정도 온 것 같아! 그럼 이분들이 오늘 1박 2일을 통해서 만들어진 쉽을 가지고 현장에 나가서 다음 달에는 200분을 이 자리로 모셔오게 될 거야!"

"그래, 가능한 이야기야."

"그런데 저기에 있는 다른 다이아몬드 사장님 산하를 볼까? 몇 분이나 이 자리에 왔느냐 하면, 한 10분 오신 것 같아! 그러면 현재 저 사장님은 사업이 제대로 진행되고 있지 않다는 증거라고 보면 돼!"

다이아몬드 사장님들의 뒷자리를 보니 정말 산하 숫자에 현격한 차이가 있었다. 숫자가 적은 다이아몬드 사장님들의 표정은 밝지 못한 것도 발견했다. 반면, 많은 파트너가 참석한 다이아몬드 사장님들은 연일 행복한 웃음을 짓고 있었다.

"그래서 시스템에 참여하는 사람이 몇 명이 되는지가 바로 사업의 성패를 좌우한다는 말이 있어! 그래서 김 사장을 위해서라도, 파트너를 위해서라도, 파트너들을 반드시 시스템에 합류시켜야 해!"

다음 1박 2일 세미나에는 적어도 5명 이상의 파트너는 모시고 와야겠다는 결심을 했다. 모든 세미나 일정이 끝나고 방으로 돌아오니 그룹별 친목 시간이 있었다. 술도 한잔하면서 사업에 대한 어려움이나 노하우 등을 공유하느라 밤새는 줄 모르고 이야기를 나누었다.

더욱더 놀라운 사실은 여기 온 사람 중 상당수가 부업자였다는 것이다. 다들 제2의 인생을 위해, 노후를 위해 이렇게 열심히 준비하고 있었던 사실을 아니 더욱 분발해야겠다는 결심을 했다.

다음 날도 아침부터 세미나가 이어졌다. 어제 늦게까지 잠을 자지 않았던 사람들이라고는 믿어지지 않을 만큼 열기가 뜨거웠다.

'이래서 유신이가 네트워크 마케팅 사업은 처음에는 수동적으로 들어왔지만, 시간이 지나면서 능동적으로 바뀌는 사업이라고 이야기한 거구나. 이 자리에 내 파트너가 많이 와서 나와 같은 감정을 느낀다면 내 산하는 얼마나 빨리 발전할까? 다음에는 꼭 똑순이를 데리고 와야겠다.'

세미나를 참석하기 전에는 결코 알지 못했을, 새로운 마음가짐과 사업에 관한 다양한 정보를 가슴에 한 아름 안고 집으로 돌아갈 수 있었다.

리더가 어디를 바라보느냐에 따라 사업이 결정된다

사실 네트워크 마케팅 사업의 성공에서 회사 다음으로 중요한 것이 바로 리더이다. 같은 회사라도 리더의 성향에 따라 그 그룹의 방향이 완전히 달라지기 때문이다. 보통 리더들의 성향은 크게 세 가지로 나누어진다.

1. 리크루팅 지향형

사업자들에게 사업자 또는 소비자를 많이 만들어오는 것, 즉 리크루팅에 모든 초점을 맞추는 리더이다. 보통 보험 영업, 방판 영업 경험자들의 대표적인 성향이기도 하다. 네트워크 마케팅이 리크루팅을 근간으로 하는 사업이 맞지만, 리크루팅만 지나치게 집중할 경우, 초기에는 빠른 속도로 조직이 커지지만, 조직 성장에 한계를 보이는 경우가 많다.

2. 시스템 개발 지향형

회사나 그룹의 시스템 참여에 초점을 맞추기보다는 자신이 직접 시스템을 만들고자 노력하는 스타일이다. 보통 시스템이 약한 회사에서 몇몇 뛰어난 리더들이 이런 행보를 보인다.

네트워크 마케팅 경험이 많은 리더의 경우 성공할 가능성이 높으나, 경험이 없고 자신만의 스타일을 고수하는 리더가 본 유형일 경우는 사실 선무당이 사람 잡을 경우가 더 많다. 특히, 위의 스폰서와 자신의 그룹 파트너들의 커뮤니케이션을 막는 우산 씌우기를 할 수가 있다. 이럴 경우, 파트너들의 사업 성공은 물론 생존도 어려울 수 있다.

3. 시스템(행사) 지향형

회사와 그룹에서 진행하는 시스템에 초점을 맞추는 리더이다. 시스템에 최대한 많은 사람을 동원해야 한다는 생각을 하고 있다. 당장 리크루팅 성과보다는 시스템을 통해서 사업의 비전을 보고 자발적으로 움직일 수 있는 사업자를 만드는 데 집중한다. 단기적으로 성과가 크게는 나지 않지만, 장기적으로는 사업 복제에 성공해 조직을 키워갈 가능성이 높다. 단, 리더가 중간에 지치지 않고 사업을 그만두지 않아야 한다는 전제가 포함된다.

세 가지 유형 중 결론적으로는 시스템 지향형 리더가 가장 성공 확률이 높다. 일명 네트워크 마케팅 사업으로 수천, 수만 명의 파트너를 만들어낸 사람들은 바로 시스템 지향형 사업자이기 때문이다. 이들은 1박 2일 세미나, 컨벤션에 자신의 파트너가 몇 명이 오는지를 제일 중요하게 생각한다. 그리고 인원을 최대한 동원하기 위해서 밤낮없이 독려한다. 이를 수 싸움이라고 하는데, 행사 당일 자신의 파트너가 가장 많이 오면 그 행사를 통해서 사업을 하고자 하는 힘과 사업 의지를 키워가는 것을 알기 때문에 정말 목숨을 걸고 독려한다. 그리고 결국에는 사업에서 큰 성공을 이룬다.

파트너 사장님들이 주인공이다

사업을 시작한 지 2개월이 지나고 산하로 8명의 사업자가 생겨났다. 내가 직접 리크루팅한 사람이 3명, 첫 산하 파트너였던 정똑순 사장이 리크루팅한 사람이 5명이다. 이제는 골드라는 세 번째 직급을 달성했다. 파트너가 생기고 나서 시스템에 참석시키기 위해 꾸준히 노력했고, 시스템에 참여시킨 후 내가 아는 지식과 정보를 전달하는 팀 미팅도 진행했다.

"김 사장, 축하한다. 벌써 세 번째 직급인 골드를 달성했네. 그 어려운 걸 진짜 해냈군. 허허허!"

"아이고 무슨, 난 언제 다이아몬드 승급을 하지? 내가 직급을 올라가 보니, 김유신 스폰서가 얼마나 대단한지 새삼 깨닫게 되네. 승급을 하니 기분이 정말 좋아. 파트너 사장님들이 생긴 것도 아주 좋고 말이야. 스폰서님이라고 불리는 것이 이렇게 기분 좋은 일인지 몰랐어."

"그렇지? 그래서 이 사업을 하는 거야. 요즘 활약도 대단한 것 같아. 다들 김 사장님, 김 사장님 하는 걸 보니. 이 사업을 안 했으면 어떻게 할 뻔했어?"

아닌 게 아니라, 파트너들 앞에서 사업을 설명할 때 졸린 눈 비벼가면서 집중해주는 모습을 보니 큰 행복감에 빠져들었다.

"김 사장의 활약, 앞으로도 기대할게. 지금처럼 한 걸음씩 나아간다면 정말 못 이룰 것이 없을 거야. 한 가지만 더 보완한다면 말이지."

"응? 칭찬하다가 갑자기 어미에 뭔가 의미심장한 뜻이 숨어있네. 한 가지만 보완한다는 말이 뭔지 알려주세요. 스폰서님!"

"바로 시스템에서 파트너들이 주인공이 되게 해 주면 돼."

파트너의 입을 떼게 만들면 사업은 번창한다

 필자는 사업 초기 사업자 교육에 많은 시간을 투자했다. 교육사업을 오랫동안 경험한 탓에 커리큘럼을 짜고 시스템을 돌리는 일이 어렵지 않았다.

초반에는 사람들도 많아지고 덕분에 빠르게 조직도 만들어졌다. 그러나 그 시간은 오래 지속하지 못했다. '스타강사가 있는 팀은 크게 성장하지 못한다'라는 네트워크 마케팅의 저주가 발동했기 때문이다.

네트워크 마케팅 사업은 나보다는 파트너가 성장해야 성공하는 사업이다. 이를 위해서는 한 사람이 진행하는 일방적인 전달 방식의 교육은 한계가 있다. 사업 초기에는 사업에 대한 궁금증 때문에 시스템에 참여하지만, 어느 정도 커리큘럼이 익숙해지면 같은 내용을 듣는 것이 싫어져 시스템 참여를 등한시하는 경우가 생겨난다. 그래서 스타강사 또는 스폰서의 일방적인 교육 형태는 성장의 한계가 명확하다.

능력 있는 스폰서의 교육은 최소화하고, 교육에 참여하는 사람들이 교육을 준비하고 직접 발표하게끔 만드는 참여형 교육에 집중해야 하는 이유가 이 때문이다. 전문 용어로 '입을 뗀다'고 표현하는데, 파트너들이 자신의 입으로 스피치를 하거나 사업 설명, 보상, 제품 설명을 하도록 지속적으로 유도하는 것이 결국 큰 조직을 만드는 지름길이다.

이를 위해서는 팀 미팅 시간에 스폰서는 30분 정도만 중요 내용을 전달하고, 나머지 시간은 사업자들에게 맡겨야 한다. 서툴지만 여러 명의 사업자가 10분 정도의 강의를 준비해와서 발표하는 시간을 갖는다.

교육이 끝나면 참가한 사업자가 각자 3분 정도 스피치하는 시간도 반드시 마련한다. 사업자의 입을 통해서 진행해야 하는 커리큘럼은 다음과 같다.

1) 나는 왜 이 사업을 하는가? (3분)

2) 사업 설명 (10~15분)

3) 우리 제품의 장점 (10분)

4) 보상 플랜 풀기 (10~15분)

5) 마무리 3분 스피치 (3분)

처음에는 어색하고 강의 수준도 좋지 못하지만, 익숙해지기 시작하면 너도나도 자신이 준비해오겠다고 손을 들기 시작하는 파트너들의 적극적인 모습을 볼 수 있다.

사업 설명은 파트너 사장님이 한다

"파트너 사장님들이 주인공이 되는 또 다른 방법을 알려줄게. 파트너 사장님들이 사업 설명을 잘 하시나?"

"아니! 제일 어려워하지. 사업에 가입하자마자 사업설명회는 스무 번 이상 들어도, 정작 자신들이 사업 설명하는 것은 많이 어려워 해."

"맞아, 내가 네트워커들을 만나면 안타까운 것이 사업을 시작한 지 몇 개월 또는 몇 년이 되었는데도 사업설명회를 못 한다는 거야. 사실 이 사업에서 성공하기 위해서는 사업 설명과 보상 설명은 기본으로 할 줄 알아야 하거든."

사실 몇 명의 파트너가 생겨도 아직 사업 설명과 보상 설명을 할 줄 아는 파트너는 정똑순 한 사람밖에 없었다. 자신들이 사업 설명을 못하니 후원 미팅을 나가지도 못하고, 리크루팅 확률도 떨어져 의기소침한 경우가 자꾸 발생하고 있었다.

"나도 파트너들에게 사업 설명을 마스터해주기 위해서 정말 많은 노력을 했는데, 거의 실패했어. 그러다가 개발해낸 방법이 바로 키워드로 푸는 사업 설명 방법이야."

"키워드로 사업 설명을 한다고? 그게 무슨 말이야."

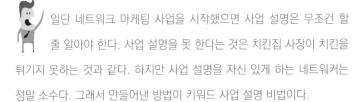

One Point Lesson 42
키워드로 설명하는 7분 사업 설명 비법

일단 네트워크 마케팅 사업을 시작했으면 사업 설명은 무조건 할 줄 알아야 한다. 사업 설명을 못 한다는 것은 치킨집 사장이 치킨을 튀기지 못하는 것과 같다. 하지만 사업 설명을 자신 있게 하는 네트워커는 정말 소수다. 그래서 만들어낸 방법이 키워드 사업 설명 비법이다.

책을 많이 읽는 사람들은 습관적으로 목차를 먼저 보고 책을 읽는다. 전체적인 흐름을 먼저 머리에 넣어 놓고 독서를 시작하는 것이다. 책 중간에 흐름이 끊어질 경우, 다시 목차를 살펴본다. 책을 다 읽고 나서는 다시 목차를 보면서 책의 내용을 복습하며, 이 책이 말하고자 하는 내용을 머릿속에 넣는다. 반대로 책을 잘 읽지 않는 사람들은 본문부터 읽는다. 그러다가 중간에 흐름이 끊어지면 책을 손에서 놓는다.

키워드 비법은 바로 독서 고수들의 목차 활용법을 그대로 차용한 것이다. 파트너들이 사업 설명을 하지 못하는 이유는 지적 능력이 떨어져서가 아니다. 머릿속에 사업 설명을 위한 목차가 정리되지 않고 중구난방이기 때문이다.

목차처럼 키워드로 사업 설명의 뼈대를 잡아주고, 이것만 마스터하면 기본적으로 7분 이내의 사업 설명은 자신 있게 할 수 있다. 여기에 자신이 경험한 내용을 바탕으로 살을 붙여나가면 멋진 사업설명회를 완성할 수 있다.

기본적이 키워드 뼈대 구성은 다음과 같다. 각자의 회사 내용을 덧붙여서 키워드 사업 설명을 만들어 파트너에게 배포해보자.

〈키워드로 보는 7분 사업 설명〉

1. 나는 왜 OO 사업을 하는가? (2분 이내)

(1) 자기소개

(2) 왜 OO 사업을 시작하게 되었는가?

2. 나는 왜 네트워크 마케팅 사업을 하는가?

(1) 소득에는 노동소득과 권리소득이 존재

(2) 부자는 권리소득을 얻는 사람을 의미하는데, 이들은 두 가지 방법으로 권리소득을 창출함.

　– 돈이 많아서 돈이 돈을 벎.

　– 회사를 만들고 다른 사람의 시간과 노동력을 소유하는 시스템을 보유함으로써 돈을 벎.

(3) 권리소득을 얻을 방법으로 돈을 벌지 않았기 때문에 그동안 부자가 못 됨.

(4) 네트워크 마케팅 사업을 시작한 이유는 내가 회사를 만들지 않고도, 월급을 주지 않고도, 사업을 먼저 시작했다는 이유만으로 다른 사람의 시간과 노동력을 소유하는 권리소득 사업임.

3. 나는 왜 OO을 선택했는가?

(1) OO 사업이 다른 회사와 다른 한 가지는?

(2) 우리 사업의 특성

　－ 제품력

　－ 회사의 공신력

　－ 기타 장점 3가지

4. 보상 플랜

(1) 합법 네트워크 회사는 매출의 35%까지 사업자에게 풀어주는 법을 적용함(모든 회사의 보상은 사실 똑같다.).

(2) 우리 회사 보상의 장점 3가지

(3) 사업 진입 방법

5. 사업 타이밍

6. 결론 : 장점을 나열하고 이를 최종적으로 정리

— 제5장 —

이제는
다이아몬드까지
직행

NETWORK MARKETING

Network Marketing

다이아몬드는
셀프 리더만이 가능하다

셀프 리더 한 명이 사업의 판도를 바꾼다

사업을 시작한 지 6개월 차, 많은 어려움이 있었지만, 그래도 한 걸음씩 앞으로 나아간 덕분에 중간 직급인 루비까지 승급했다. 30여 명의 파트너도 생겨났다. 스폰서들도 나를 다이아몬드로 성장 가능한 리더라고 보고, 우리 회사 최고 직급자인 김천운 로열 크라운과의 면담 시간을 잡아주었다. 11년간 네트워크 마케팅 업계에서 하나하나 체력을 다지신 분이어서 그런지 포스도 남달랐다.

"안녕하세요, 만나 뵙게 되어 영광입니다. 김의심입니다."

"예, 사장님. 요즘 사장님 말씀을 여기저기서 많이 듣습니다. 다이아몬드에 도전하실 분이라는 것도 이야기를 들었습니다."

김천운 로열 크라운은 그동안 나에 대해서 들었던 내용을 하나씩 풀어주면서 용기를 북돋아 주었다.

"네, 아직은 모자란 것이 많지만 그래도 도전해보고자 합니다. 많은 가르침을 부탁드립니다."

"네, 제가 도와드릴 수 있는 것이 있으면 언제라도 요청하세요. 사장님은 저희 그룹의 앵커이니까요."

"앵커요?"

"아! 사장님, 네트워크 마케팅 사업이 처음이라고 하셨죠! 네트워크 마케팅 사업의 경우 셀프 리더가 아주 드물게 배출됩니다. 이들은 회사 차원에서, 그룹 차원에서도 큰 도움이 되기 때문에 상위 스폰서는 이분들을 중심으로 사업을 키워나가는 것이 보통입니다. 이를 앵커라고 합니다."

One Point Lesson 43

셀프 리더 한 명은 사업자 백 명보다 소중하다

'한 명의 셀프 리더와 백 명의 일반 사업자 중 누구를 선택하시겠습니까?'라는 질문을 던져보면 누가 왕초보 네트워커이고 누가 프로 네트워커인지 알 수 있다. 왕초보는 당연히 백 명의 일반 사업자를 선택할 것이다. 하지만 프로 네트워커는 단 한 명의 셀프 리더를 선택한다.

대한민국 네트워크 마케팅 사업 관련자는 900만 명 정도이고, 이중 100만 명 정도가 네트워크 마케팅 사업을 일로 하는 진성 사업자다. 이 중에서 0.5% 정도인 5,000명 정도가 대한민국 네트워크 마케팅 사업을 이 끌어가고 있는 셀프 리더라고 보면 된다. 각 회사의 다이아몬드 이상의 직 급자들이다.

정리해 보자면 자신의 목표와 비전이 명확하고 스스로 움직이면서 조직 을 만들어가는 셀프 리더는 정말 귀한 존재이다. 업계에서는 자신의 산하 에 있는 5,000명 중 몇 명의 셀프 리더가 있느냐에 따라서 사업의 성패가 갈린다는 말이 있을 정도니까 말이다.

업계에서는 보통 셀프 리더를 만들어진 리더와 새롭게 탄생하는 리더 두 가지 유형으로 분류한다.

1) 만들어진 리더

이미 네트워크 마케팅 사업 경험이 풍부하고 타 업체에서 다이아몬드 직 급 경력을 가진 사업자는 귀하디귀한 존재다. 귀한 존재이다 보니 리크루 팅 난이도가 매우 높고 몸값도 높은 편이다. 이들을 리크루팅하기 위해서 는 어느 정도 직급발이라는 것이 필요하다. 이전 회사에서 다이아몬드였는 데, 자신을 리크루팅하겠다고 온 사업자가 하위 직급자라면 마음을 움직이 지 못한다. 왕초보 네트워커에게는 아주 힘든 대상이다.

2) 새롭게 탄생하는 리더

한 마디로 업계 5,001번 셀프 리더를 만드는 것을 의미한다. 드물기는 하지만 새로운 셀프 리더는 탄생하기도 한다. 네트워크 마케팅 사업 경험 은 전혀 없지만, 타고난 역량이 있거나 많은 사회 경험을 바탕으로 만들어 지는 케이스다. 만약 당신이 5,001번째 셀프 리더를 만들고자 한다면, 아 래의 네 가지 성향을 갖춘 사람을 찾으면 확률이 높아진다.

첫째, 한 분야에서 성공해본 사람이다. 성공의 길을 찾아가는 방법과 성공의 짜릿한 맛을 알기에 사업에 집중하고 지속해서 배워가는 특성이 있다.

둘째, 이전에 영업 경험이 있는 사람, 즉 사람 만나는 것을 두려워하지 않는 직업을 가진 사람이 좋다. 새롭게 탄생하는 후천적 셀프 리더의 경우 전직이 보통 보험, 방문 판매, 학습지, 자동차 세일즈 등의 경험을 가진 사람이 많다. 네트워크 마케팅 사업도 리크루팅을 기반으로 한 사업인 만큼 이들이 이전에 쌓았던 사람 다루는 역량은 큰 도움이 된다.

셋째, 외모가 준수하고 자기 관리를 잘하는 사람이다. 네트워크 마케팅 사업은 나 자신이 점포가 되는 사업이다. 성공의 경험이 있는 사람들은 기본적으로 외모가 준수하고 자기관리를 잘한다.

넷째, 상식적이고 긍정적인 사람이면 좋다. 네트워크 마케팅 사업 종사자는 상식적인 범위를 벗어나는 사람이 너무 많다. 감정 기복이 너무 심한 사람, 사소한 일로 감정을 드러내는 사람, 말도 안 되는 논리를 들이대며 스폰서나 파트너를 괴롭히는 사람 등은 셀프 리더로 절대 성장하지 못한다. 항상 긍정적인 사람은 어떤 어려움이 와도 이겨낼 수 있는 기초 체력이 튼튼하다. 결국, 이 기초 체력이 사업의 성공을 만들어낸다.

위의 네 가지 성향을 만족시키는 사람이라면, 어떻게든 공을 들여서 리크루팅할 필요가 있다.

조직의 앵커가 되면 성공의 길이 열린다

"스폰서님, 알려주시는 김에 하나만 더 알려주십시오. 저를 앵커로 삼겠다고 하셨는데, 앵커가 되면 좋은 점은 무엇일까요?"

"앵커가 된다는 것은 한마디로 '내 스폰서에게 필요한 사람이 되었다는 것'을 의미합니다. 스폰서 입장에서는 매출에 도움이 되고 자신의 역할과 롤을 나누어 수행할 수 있는 앵커는 정말 고마운 존재이지요. 결국 마음이 더 쓰일 수밖에 없어요. 결국, 자신이 가진 자원을 먼저 배분하게 돼요. 바이너리 사업의 경우, 스폰서가 직접 사업자를 만들면 누군가의 라인으로 배치해야 하는데, 보통은 이를 앵커에게 내려주죠. 더 빨리 키워주면 자신의 역할을 더 줄일 수 있으니 말이지요."

"아, 그렇겠네요."

"그만큼 앵커는 다른 사업자와 비교해서 빠른 성장을 기대할 수 있습니다. 그래서 네트워크 마케팅에서는 이 앵커가 되기 위해서 많은 분이 노력하고 있습니다. 네트워크 마케팅 사업에 뛰어든 이상, 승부를 봐야 하잖아요. 그렇다면 지금부터 내 스폰서에게 사랑받고 주목받을 수 있는 앵커가 되는 것을 첫 번째 목표로 삼으면 어떨까요?"

One Point Lesson 44
앵커가 되는 세 가지 조건

스폰서가 의지하는 앵커가 되면 이 사업의 50%는 성공한 것이라고 봐도 과언이 아니다. 앵커가 되고자 한다면 앵커가 되기 위한 세 가지 조건을 지금부터 몸소 시행하자. 사업의 속도가 몇 배는 빨라질 것이다.

1) 시스템에 항상 참여하는 사람

스폰서는 사업에 대한 충성도를 우선시 볼 수밖에 없다. 이를 판가름할 수 있는 기준은 바로 회사의 시스템에 참여하고 있는지다. 눈에 많이 보이는 사업자를 먼저 키울 수밖에 없다. 카톡 방에서 열심히 활동하는 사람도 여기에 해당한다. 반대로 스폰서의 권유에도 불구하고, 시스템에 참여하지 않는 사람은 사업에서 스폰서의 도움을 기대하기가 어렵다. 부업자도 자신이 가능한 저녁, 주말 시간의 시스템에 참여하려는 노력을 보여주는 사람은 이 조건에 해당한다.

2) 스폰서의 부족한 부분을 채워줄 수 있는 사람

열정적인 리더에게는 항상 뒷심과 사람들의 마음을 헤아려주는 능력이 부족해 사상누각의 조직을 만드는 약점이 있다. 반대로 조직을 천천히 다지면서 만들어가는 치밀한 리더는 바이너리 같은 속도전이 필요한 사업에서 뒤처지는 경우가 많다. 이때 구세주와 같이 나의 단점을 보완해줄 수 있는 파트너가 나타난다면 스폰서는 이 사람을 의지할 수밖에 없고, 리더감으로 세우기 시작한다.

3) 스폰서를 인간적으로 존중해주는 사람

스폰서도 자신을 존중해주는 사람에게 감정적으로 끌릴 수밖에 없다. 조직을 이끌다 보면 사람 사이에 상처도 많아진다. 이때 자신을 위로해주고, 자신의 마음을 알아주는 사람, 스폰서라고 깍듯이 존중해 주는 사람은 항상 눈에 보이게 된다. 이와 반대로 항상 부정적인 이야기만 하고, 스폰서에게 감정적 이의제기를 하는 사람은 성공에서 멀어지고 있다고 생각하면 된다. 스폰서에게 인사하기, 예의 갖추기, 웃어주기 등 기본적인 것부터 시작하면 앵커가 될 가능성이 열린다.

어차피 인간관계가
조직을 만든다

팀을 망치는 6가지 유형의 사람들

"난 김의심 사장님하고는 사업 못 하겠어요! 어렵게 미팅을 잡았더니 리크루팅도 못하고, 내가 어떻게 사장님을 믿고 사업하겠어요? 다른 사람들은 척척 알아서 리크루팅해주고 파트너도 줄줄이 달아주는데…… 그건 못할지언정 미팅 잡은 사람은 리크루팅해야죠!"

얼마 전 2차 미팅이 있었는데 리크루팅에 실패했다. 사실 1차 미팅 같은 2차 미팅이었다. 지인을 초대한 파트너는 누군가를 미팅 장소에 무조건 데리고 나오면 스폰서가 리크루팅을 해준다고 생각하고 있었다. 그래서 무작정 끌고 나온 것이다. 2차 미팅 장소에 가니 장소는 시끄럽고, 초대한 사람은 내 말을 들을 생각이 전혀 없었다. 사업 설명 도중 파트너는 계속 끼어들며 말을 걸고 넘어졌다.

최악의 미팅이 끝난 후, 결국 리크루팅에 실패했다. 내 파트너는 그 책임을 나에게 돌리며 화풀이 대상으로 삼고 있었다. 사실 이런 케이스가 세 번째다. 다른 스폰서들에게 2차 미팅을 부탁해도 한 번 이 파트너의 후원 미팅을 나갔던 스폰서는 다시는 이 파트너의 미팅을 가지 않겠다고 했다. LOS도 없고, 막무가내식의 파트너에게 자신의 소중한 시간을 쓰고 싶지 않다는 이유에서였다. 엎친 데 덮친 격으로 유신이는 해외 사업 때문에 2주간 한국을 비우게 되었다.

'아, 네트워크 마케팅 사업은 사람 때문에 정말 힘든 거구나. 괜히 시작했나?'

본사에 정말 가기 싫었다. 사람들 얼굴 보는 것도 싫고, 그냥 다 귀찮아졌다. 본사에 가지 않으면 사업을 그만둘 수도 있겠다는 생각에 본사로 무작정 발길을 옮겼다.

"김 사장님, 왜 이렇게 얼굴이 까칠해요. 무슨 일 있어요?"

"백 스폰서님. 저는 네트워크 마케팅 사업이 이렇게 힘든 사업인 줄 몰랐어요."

"파트너 사장님들 때문에 힘들죠?"

"아니, 제 마음을 어떻게 다 아십니까?"

그때부터 파트너와 있었던 일들에 대해서 1시간 넘는 하소연이 시작되었다. 이야기 도중에는 창피하게도 눈물까지 글썽거렸다.

"네트워커라면 공통으로 겪게 되는 순서들이 있어요. 사장님 산하로 파트너들이 늘어나면서 점차 이들로 인해 다양한 문젯거리들이 발생할 수밖에 없어요. 여기도 인간 사회니까요."

"맞습니다. 파트너들이 이야기하는 다양한 고민을 제가 해결해 줄 수가 없어서 고통스러워요."

"네트워크 마케팅 사업은 회사랑 달리 정말 다양한 부류의 사람들이 사업자로 합류해요. 회사는 서류 전형과 면접을 통해서 회사와 비전에 맞는 사람들을 분류하고 채용하지만, 네트워크 마케팅 사업은 원하는 사람이라면 누구나 사업 기회가 주어지기 때문에 생기는 현상이지요."

생각해보니 주부부터 직장인, 자영업자 등 정말 다양한 사람이 내 산하로 사업을 하고 있었다. 나이와 성별, 관심사도 제각각인지라 요구사항도 모두 달랐다.

"맞아요. 그리고 사람마다 성향도 다르고 경험도 달라서 맞추기가 너무 힘들어요."

"최고 직급자에 가려면 몸에서 사리가 나와야 한다는 말이 있어요. 김 사장님이 겪는 과정은 최고 리더가 되기 위해 반드시 거쳐야 하는 과정이라고 생각하시면 됩니다. 그래도 제가 겪었던 시행착오를 알려드리면 김 사장님이 문제가 닥쳤을 때 좀 편하게 가실까 싶어 몇 가지 팁을 드리고자 합니다."

"네! 꼭 알려주세요."

"먼저 내 사업을 망치는 6가지 유형의 사람을 공개해 드리지요. 이런 분들은 사업 진행하실 때 리크루팅 단계부터 조심하시는 것이 좋습니다."

사업을 망치는 6가지 유형의 사람들

네트워크 마케팅 사업을 진행하면서 가장 큰 소득은 바로 사업에 전혀 도움이 되지 않는 사람을 알아보는 선구안이 생겼다는 것이다. 일단 아래 6가지 유형의 사람들은 리크루팅 단계에서부터 사업의 전달 여부를 고민하는 것이 좋다. 사업에 이미 합류된 사람이라면, 적절히 대응하는 방법도 알아보자.

1) 물물교환형

'나도 사업자로 가입할 테니 당신도 내가 하는 일에 혜택을 달라' 하는 유형이다. 영업하는 사람이나 타 네트워크 마케팅 사업자가 대부분 이런 제안을 한다. 한 명의 사업자라도 더 확보해야 하는 초보 사업자 입장에서는 달콤한 유혹이다. 하지만, 물물교환형 사업자는 아무 의미도 없다. 초도 물품을 구매하거나 가입은 할 수 있어도, 결코 사업은 하지 않는다. 오히려 손해인 경우가 많다.

2) 간절형

'너무나 간절한데, 당장 돈이 없다. 초도 물품을 내려주면 정말 열심히 하겠다. 돈을 갚아가겠다.' 하는 유형이다. 결론은 '절대 내려주지 마라'이다. 이런 사람들은 절대 사업을 안 한다. 바이너리에서 본격적인 사업을 시작하기 위해서는 200만 원 정도의 초기 비용이 든다. 이 돈이 없어서 사업을 못 한다는 것은 말이 안 된다. 만약, 사업의 전망이 밝다면 돈을 빌려서라도 사업을 시작할 것이다. 간절형의 대부분은 코인 다단계에 들어갈 때는 어디서 빌렸는지 몇천만 원을 가지고 들어온다.

사업 초도 물품을 본인이 사지 않으면 책임감도 없고, 간절함은 더더욱 없어진다. 처음에는 사업을 잘할 것처럼 이야기하지만, 물품을 내리는 순간 사업에 대한 간절함은 사라진다.

3) 앙탈형

엄마 새가 물어온 먹잇감을 한없이 바라만 보고 있는 새끼 새와 같은 사람이다. 스폰서가 리크루팅하기만을 기다리고 있다가 자신의 산하로 사업자를 내려주길 원한다. 이들 특성은 자신의 산하가 아닌 다른 라인으로 후원이 내려가면 한없이 불만을 토로한다. 심지어는 사업을 그만두겠다고 스폰서를 협박하기도 한다.

앙탈형이 탄생하게 된 데까지는 사실 이들을 리크루팅한 스폰서의 잘못도 크다. 리크루팅 당시 '사업을 시작하면 내가 사업자 달아줄게' 등의 조건을 붙이면서 사업을 시작하는 경우, 앙탈형을 스스로 양산할 가능성이 크다. 또한, 사업을 진행할 리더감이 아닌 친구나 친지 등 개인적인 관계에 있는 사람을 리크루팅할 때도 이런 앙탈형이 탄생하기 쉽다.

앙탈형 사업자는 자칫 팀의 분위기를 망칠 수 있는 암적인 존재로 성장할 수 있는 만큼, 리크루팅에 있어서 신중하자. 특히, 리크루팅을 할 때 '당신의 라인은 내가 책임지겠다' 등의 감언이설로 사업자를 만든다면, 사업하는 동안 줄곧 따라다니는 혹이 된다는 것을 잊지 말자.

4) 타임킬러형

스폰서와 파트너의 시간을 소중히 여기지 않는 사업자 유형이다. 약속에 늦는 건 다반사이고, 약속된 시간 바로 전에 미팅을 펑크냄으로써 스폰서 또는 파트너의 소중한 시간을 잡아먹는다. 한두 번의 실수는 누구나 할 수 있지만, 그 실수가 지속할 경우는 타임킬러형 사업자일 가능성이 크다. 타임킬러형 사업자는 책임감이 부족하여, 향후 리더 사업자로 성장하지 못한다. 약속을 지키지 못하니 파트너 사업자의 불만을 일으키고 결국, 대부분 조직에서 자연스럽게 도태된다.

5) 감정 쓰레기통형

개인적인 일상다반사, 거기서 느끼는 감정을 스폰서 또는 파트너에게 쏟아버리는 스타일이다. 집에서 있었던 일, 사업자와 있었던 일 하나하나를 상담하기 원하는 스타일로 하루에 몇 시간씩 스폰서와 파트너의 시간을 허비하게 만든다. 가장 위험한 것은 부정적인 감정을 쏟아낸다는 것이다. 부정적인 감정은 아주 강력한 힘이 있어 사업을 열심히 하고자 하는 다른 사업자까지도 전염시킨다. 아울러 감정 쓰레기통형은 스폰서 또는 파트너의 부정적인 측면을 다른 사람에게 옮겨서 조직 내 불협화음을 만드는 경우가 상당수다. 그래서 이 유형의 사업자와는 사업 관련 커뮤니케이션만 진행하고, 서로 적당한 거리를 두는 것이 이롭다.

6) 뜬구름 사기꾼형

일단 이 사람들은 절대 상종하지 말자. 자기가 큰 그룹을 가지고 있고, 몇십 명에서 몇백 명의 사람을 모아올 수 있다고 하면서, 자신의 세력을 뽐낸다. 그리고 자신의 몸값과 교통비를 요구한다. 결론부터 이야기하면 다 사기꾼이다. 절대 돈이 오가면 안 된다. 일단 그룹을 움직일 수 있는 제대로 된 리더들은 돈을 요구하지 않는다.

이런 사람들도 있다. 해외에 수출판로가 있다면서 접근하는 유형들이다. 일단 네트워크 마케팅 회사의 제품을 해외로 판매하는 것은 거의 불가능하다. 해외에 자사 법인이 나가 있지 않은 이상은 무조건 불가능하다고 생각해라. 초보자가 건드릴 수 있는 영역이 아니다. 이런 뜬구름 잡는 사람은 무조건 피하자.

"우와, 정말 많은 유형의 사람들이 있네요."

"네, 사업하다 보면 공통적으로 이 6가지 부류의 사람들이 사업을 힘들게 하는 경우가 많습니다. 이분들의 유형을 알고 있다면, 상황에 맞추어서 대처할 수 있으니 참고해보세요."

무서운 '인과응보의 저주'

이야기 도중 갑자기 백직설 스폰서의 얼굴이 무섭게 변했다. 그리고 대뜸 이렇게 말했다.

"김 사장님, 네트워크 마케팅 사업에 저주가 있다는 이야기를 들어보셨어요?"

"백 스폰서님은 늘 무서운 이야기만 하세요. 사람 마음도 척척 맞히시고 말이지요."

"호호호, 네트워크 마케팅 사업이 복제 사업이라고 하잖아요. 그런데 파트너가 스폰서를 대하는 모든 것이 복제된다는 것도 알고 계셨

나요?"

"예를 들면요?"

"지금 사장님을 힘들게 하시는 분 이야기를 들려주실래요?"

그때부터 미친 듯이 그동안 있었던 파트너와의 문제들을 토로하기 시작했다. 얼마 전 파트너와 다툰 이야기부터 파트너가 다른 파트너와 이간질한 일 등을 하소연하듯 주 스폰서에게 이야기했다.

"많이 힘드셨겠네요. 그런데 사장님을 힘들게 만든 그분들도 향후 자신의 파트너에게 지금 김 사장님이 겪고 있는 어려움을 똑같이 당하시게 될 겁니다."

"그게 무슨 말씀입니까?"

"네트워크 업계에는 내가 내 스폰서에게 진상 파트너이면 똑같이 나한테 진상을 떠는 파트너를 만나게 된다는 매력적인 저주가 있습니다. 이를 '인과응보의 저주'라고 합니다."

순간적으로 머릿속에서 그동안 내가 스폰서에게 했던 행동들이 영화 필름처럼 지나갔다. '내가 혹시 스폰서들에게 진상을 떨었나?'

"헉, 저는 제 스폰서에게 진상을 떤 적 없습니다."

"호호, 전 김 사장님은 예외라고 믿고 있습니다. 확률상 그렇다는 말입니다. 인과응보의 저주가 일어날 수 있는 이유는 네트워크 마케팅 사업이 복제를 기반으로 한 사업이기 때문이에요. 파트너는 스폰서가 한 일을 그대로 배웁니다. 스폰서가 미팅 장에 모습을 나타내지 않는다면, 파트너도 미팅 장에 나타나지 않습니다. 스폰서가 자신의 스폰서를 뒤에서 욕한다면 파트너들은 똑같이 김 사장님을 다른 파트너에게 욕하고 다닙니다. 복제의 힘을 무시하면 안 됩니다."

"네, 중요한 말이네요."

"내 파트너에게 향후 어떤 대우를 받을지는 지금 사장님의 모습에서 결정됩니다. 만약 파트너에게 존중받고 사랑받고 싶다면, 그 모습을 투영하여 지금 스폰서에게 똑같이 해주면 됩니다. 스폰서를 존중하고 따르며, 스폰서가 잘못된 길을 갈 때 감정적 대응이 아닌 사실에 기반한 충고를 드린다면, 100% 복제되어 사장님 파트너에게 전달됩니다."

"미래에 내가 받고 싶은 대우를 지금 스폰서에게 똑같이 하라!"

내가 파트너들에게 대우받고 싶은 모습을 떠올려보았다. 나를 보면 웃어주고, 반갑게 인사해주고, 항상 인간적인 존중과 존경을 받는 스폰서가 되고 싶었다. 그리고 지금 머릿속에 그려진 모습을 스폰서에게 그대로 해드리겠다고 제대로 마음을 먹었다.

"맞습니다, 아울러 스폰서에게 함부로 하는 사람들은 자연스럽게 사업을 그만두게 되실 거예요. 이를 '자연도태'라고 하지요."

"자연스럽게 사업에서 떠나게 된다는 말씀이지요, 그 이유는요?"

"보통 스폰서에게 예의를 갖추지 못하는 사람 치고 사업에서 성공하는 경우가 없습니다. 네트워크 마케팅 사업은 팀 사업이라서 스폰서의 도움이 절대적으로 필요한 사업입니다. 그런데 자기 잘난 맛에 사업하는 사람은 스폰서의 도움을 받을 수 없을 뿐만 아니라 인과응보의 저주 덕분에 자신의 파트너에게 똑같이 당하게 됩니다. 결국, 사업을 오래 이어가기가 점점 힘들어지는 것이지요."

"아, 무섭네요. 실제로 이런 사례가 많은가요?"

"네, 무서우리만치 많습니다. 저도 사실 자연 도태될 뻔한 당사자 중 한 명입니다."

"백 스폰서님이요?"

자기 보호를 위해서라도 스폰서를 대우하자

이후 항상 당당하고 차가운 이미지의 백 스폰서님이 가진 흑역사 이야기를 들었다.

"네, 부끄럽지만 제가 처음 이 사업을 시작했을 때는 천방지축이었어요. 기존에 자동차 영업세계에서는 그래도 잘 나가던 커리어가 있었으니까, 그 커리어를 믿고 너무 까불었지요. 저보다 못한 사람들이 저보다 빨리 사업을 시작했다는 이유만으로 제가 벌어들이는 매출을 받는다고 생각했었습니다. 그래서 스폰서들 속을 많이 썩였어요. 스폰서들이 뭐 하자면 딴지 걸고, 신경질도 막 내었고요. 심지어는 스폰서라는 말이 싫어서 사장님이라고 통일해서 부르곤 했지요."

"그런데 왜 갑자기 변하셨어요?"

"처음에는 제 커리어가 있으니까 조직도 빨리 구축되고 중간 직급까지는 한 달도 안 되는 시간 안에 도달했습니다. 제 스폰서분들이 저보다 직급이 낮은 케이스도 많았으니까요. 그러니 제 눈에는 그분들이 어떻게 보였겠어요. 그런데 그 후부터는 이상하게 제 산하가 성장하지 않는 것이에요. 일단 네트워크 마케팅 사업은 팀 사업인지라 제가 아무리 능력이 있어도 저 혼자 팀을 성장시키는 것은 한계가 있더라고요. 처음에는 스폰서님들의 후원 미팅이며, 시스템 강의 같은 것을 통해서 제 팀이 성장하고 있다는 사실을 몰랐던 거죠. 그런데 제가 스폰서님들에게 못되게 구니까 그분들도 인간인지라 제 팀원들에게 점점 소홀해졌던 거고 결국 지원이 거의 끊겨져 버린 상황에서 저 혼자의 팀을 꾸려가는 것은 한계가 있었던 거죠."

"그런 일이 있었군요!"

"그리고 결정적인 상황이 생겼어요. 제가 리크루팅해 온 보험왕 출신의 파트너분께서 저를 힘들게 하기 시작하시더군요. 처음에는 그런가 보다 했는데, 점차 그분이 제가 스폰서분들에게 했던 못된 행동들을 저한테 하는 모습을 보면서 뭔가 잘못되었다는 생각이 들었어요."

"아, 인과응보의 저주가 발동한 거군요."

백전백승 백직설 스폰서의 아픈 경험 이야기를 들으면서 지금 나도 성장해나가는 과정이기에 겪는 문제라고 생각하니 마음속으로 많은 위안이 되었다.

"예전에 부모님들이 자식이 속 썩일 때 그런 이야기를 하잖아요. 이다음에 너 닮은 자식 낳아보면 안다고요. 딱 그 느낌이더라고요. 영업사원 시절에는 나 혼자 고객들에게만 잘하면 되는 사업이었는데, 이 사업은 팀 사업이고 복제사업이라서 저의 행동을 그대로 제 파트너가 복제하고, 결국에는 저에게 돌아온다는 것을 아주 뼈저리게 깨달았습니다."

"정말 무섭군요."

"그래서 그때 제가 스폰서에게 잘하는 것이 나를 보호하는 방법이라는 것을 깨닫게 된 겁니다. 호호호, 그리고 제가 네트워크 마케팅 사업을 경험하다 보니 아무리 미운 파트너라고 해도 없는 것보다는 있는 것이 훨씬 낫습니다."

"그건 왜 그렇죠?"

"네트워크 마케팅 사업은 수 싸움이라고 합니다. 시스템에 참여할 때 제 산하로 몇 명의 사업자가 모이느냐에 따라 사업이 커지게 되는 계기가 되거든요. 그때 한 명 한 명은 더욱 소중할 수밖에 없답니다. 사장님을 괴롭히는 사람일지언정 말이지요. 그러니 인과응보의 법칙에 맡기시고, 사장님은 부처님 마음으로 일하는 것을 추천합니다."

비용 관리를 통해
돈 버는
네트워커가 되자

화려한 거지가 많은 동네

파트너들이 하나둘씩 생겨나니 수익도 조금씩 늘어갔다. 1차 목표로 삼았던 월 200만 원 수익을 넘어, 2차 목표인 월 500만 원 수준도 얼마 후면 도달할 수 있을 것 같다. 조금 더 일찍 네트워크 마케팅 사업을 시작할 걸 하는 후회도 조금씩 들었다. 파트너 사장님들과는 직장생활에서는 느끼지 못한 묘한 전우애가 느껴진다. 하여간 새로운 삶을 사는 것 같은 생각이 든다.

"김 사장, 요즘 파트너들과 회식 자리가 많아지는 것 같아. 분위기 좋던데?"

"그러게 말이야. 직장생활과는 또 다른 인간관계이니 나도 모르게 흥이 나네."

회사에서는 부장이라는 직책이 있지만, 같이 월급 받는 입장이고, 내가 회사의 주인이 아니니 이들을 책임질 이유도 없고, 적당히 주어진 일을 시키면 되는 정도의 관계인지라 팀원들과의 전우애는 느껴본 적이 없었다. 하지만 이 사업을 시작하면서 파트너를 대하는 나의 감정은 팀원들의 그것과는 완전히 달랐다. 나를 믿고 사업을 하는 내 아이들 같은 느낌이라고 할까?

"김 사장에게 이런 이야기를 듣는다는 것이 꿈만 같네. 허허허! 이제 다음 단계로 넘어갈 때가 온 것 같은데?"

"다음 단계? 아직도 단계가 남았어?"

"앞으로 멀고도 멀었지. 사업이 그렇게 쉬운 줄 알아. 하지만 김 사장은 잘해 나가고 있어. 이대로만 하나씩 하나씩 밟아나가자고."

"네, 스폰서님. 알아 모시겠습니다."

갑자기 유신의 눈빛이 돌변했다.

"질문 하나 할게? 김 사장은 이 사업을 왜 하지?"

"너무나 당연한 것을 물어보니까 오히려 당황스럽네. 후후, 돈 벌려고 하지."

"맞아, 돈 벌려고 하는 사업이야. 그것도 큰돈 말이지. 그것도 내 노동소득이 아닌 권리소득으로 부자가 되고자 이 사업을 시작했어. 그런데 아이러니하게도 상당수의 실패하는 네트워커는 돈을 벌지 못해.

돈을 앞에서 벌어 뒤로 밑지는 사람들이 꽤 많다고나 할까?"

"그게 무슨 말이야?"

"이 기사를 한번 볼래? 얼마 전 네트워크 마케팅 신문에 난 기사로 아주 흥미로운 내용이지."

One Point Lesson 46
리더들은 남는 게 없어요

네트워크 마케팅 사업의 목적은 돈을 벌기 위함이다. 그래서 소득이 늘어나는 것도 중요하지만, 비용을 효율적으로 사용하는 것도 매우 중요하다. 네트워크 마케팅 전문 매체인 '한국 마케팅 신문'에 2018년 6월 22일 실린 글은 현재 비용 관리를 제대로 하지 못하는 네트워커의 단면을 보여주는 아주 중요한 대목이다.

기사 요약 내용

업계 리더들은 소득보다 지출이 커서 고소득을 올리면서도 적자를 면치 못하는 사례가 많다. 대한민국 상위 0.1%, 연 10억 소득자라고 해도 품위 유지비, 자체 프로모션 비용으로 상당한 금액을 소비한다는 것이다. 젊은 리더들의 경우 고급 차를 소유하거나 초고가 시계를 구매하는 등으로 비용을 허비하고 있는데 이것은 큰 문제이다.

아울러 상당수 수익은 회사의 프로모션과는 별개로 그룹 차원에서 내거는 시상으로 소비된다고 한다. 또한, 밤낮으로 다니는 자동차 유지비, 커피값, 식대 등을 지원하면서 실제 순수익은 얼마 되지 않고, 결국 비용 관리에 실패해서 적자를 면치 못한다고 한다.

네트워크 마케팅 사업도 사업이다. 비용 관리가 제대로 되지 않으면, 결국 자신의 회사는 도산할 수밖에 없다. 버는 돈을 확실히 관리하고, 비용 구조를 합리화하는 노력을 지금부터 기울이자.

'리더들은 남는 것이 없다?' 우리 회사만 봐도 상위 네트워커들은 꽤 많은 돈을 벌어가고 있었다. 일반 사람의 월급을 주급으로 받는 경우도 상당수이고, 심지어는 연봉을 월급으로 받는 사람도 있었다. 그런데 이들이 적자에 허덕이고 있다니 믿기지 않았다.

"기업 경영이랑 똑같지 뭐. 매출 대비 비용을 관리하지 못해서야. 네트워크 마케팅 사업은 나를 기준으로 하나의 유통 회사를 만들어가는 사업이야. 결국, 회사 경영과 같이 매출 대비 비용이라는 것이 발생하지. 그런데 상당수 네트워커들이 돈을 버는 데는 많은 관심을 두는데 반해 비용을 관리하는 것은 잘하지 못해. 그래서 앞에서는 벌고 뒤로는 밑지는 경우가 태반이야."

"그렇구나. 기사 내용을 보니 직급자들이 보여주는 것에 치중하다가 비용을 많이 쓰는 경우가 많은 것 같아. 수입차에 수입 시계, 명품 옷, 거기에 산하 회식비, 커피 비용, 행사 비용까지 말이야."

"그렇지. 자신도 이윤을 남기면서 사업을 해야 사업이 오래 지속하고 지치지 않아. 이게 기업 경영이야. 김의심 유통회사는 다른 회사의 직급자들이 겪는 실수를 겪지 않았으면 해. 그래서 난 김 사장이 지금부터 더치페이 문화를 만들어 갔으면 좋겠어."

사실 파트너들과의 미팅이 끝나면 항상 식사하러 갔는데, 이들과 식사를 하면 보통은 기분 좋게 내가 밥값을 계산했다. 처음 한두 번은 괜찮았는데 이 상황이 반복되다 보니 점점 부담이 되던 상황이었다. 하지만 그 방법을 모르던 차에 유신이가 더치페이 문화를 꺼내든 것이다.

"상당수 네트워커들이 식사를 하거나 회의할 때 드는 비용을 스폰서가 내야 한다고 생각하고 있어. 자신들이 벌어다 준 돈을 상위 스폰서가 공유받으니까 말이지. 이들이 받는 소득에 대한 보상심리라고 해야 할까?"

"음, 그럴 수 있지!"

"그런데 이런 문화가 반복되면 결국 그 누구도 돈을 벌 수 없는 구조가 돼!"

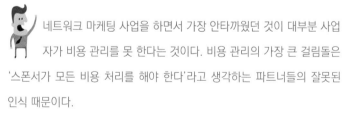

———— One Point Lesson 47 ————
더치페이는 결국 나를 위한 것이다

네트워크 마케팅 사업을 하면서 가장 안타까웠던 것이 대부분 사업자가 비용 관리를 못 한다는 것이다. 비용 관리의 가장 큰 걸림돌은 '스폰서가 모든 비용 처리를 해야 한다'라고 생각하는 파트너들의 잘못된 인식 때문이다.

스폰서가 돈을 많이 번다고 해도 모든 사업자의 밥값, 커피값, 술값을 대는 것은 한계가 있다. 이에 더치페이 문화를 초기부터 잘 정착시키는 것이 매우 중요하다.

그런데 더치페이는 결국 나를 위한 것이기도 하다. 모든 사람은 처음에는 파트너에서 시작하지만, 결국 스폰서의 위치로 올라갈 수밖에 없다. 그래서 내가 파트너의 위치에 있을 때 더치페이 문화를 만들어 놓으면, 그것이 그대로 복제되어 내가 스폰서가 되어도 더치페이 문화는 지속적으로 유지된다. 결국, 비용을 최소화하면서 돈을 벌 수 있는 효율적인 구조를 만들어 갈 수 있다.

더치페이 문화를 만드는 일은 매우 간단하다. '스폰서 사장님이 가끔 밥을 사는 것은 좋지만, 계속 사는 것은 경제적 부담이 될 수 있으니, 앞으로는 더치페이 문화를 만들어가자'라고 제안하면 된다. 사실 스폰서는 이 말을 하고 싶어도 할 수가 없다. 어느 날 갑자기 '더치페이 문화를 만들겠습니다.'라고 이야기한다면 파트너들은 기분이 상할 수밖에 없기 때문이다. 하지만 같은 파트너 입장이라면 다르다. 특히, 그룹의 중간급 직급자가 이 문화를 만들 경우 매우 효과적이다. 몇 번만 반복하면 더치페이 문화는 안정적으로 정착한다.

결국, 이렇게 만든 더치페이 문화는 향후 나의 비용을 대폭 절약해준다. 더 중요한 것은 더치페이 문화에 앞장서는 사람은 스폰서에게 주목받는다. 자신의 비용을 나서서 절약해주는 사람에게는 분명 그 대가가 돌아가기 마련이다.

"아, 그럼 내 주주부 스폰서님이나 백 스폰서님이 밥값을 내려고 하면, 내가 먼저 나서서 각자 계산하자고 해야겠네. 파트너들 앞에서 보란 듯이 말이야. 향후 나를 지키기 위해서라도."

"맞아, 오늘부터 실천해 봐. 더치페이 문화와 더불어 스폰서들의 밥값을 나누어가면서 부담하는 것도 고려해 봐. 항상 후원으로 수고해주는 스폰서를 위해 밥값을 내주는 문화를 정착시키면, 결국 내가 스폰서가 되었을 때 다 돌려받게 되니 말이지."

거주, 활동 지역을 중심으로 조직을 세팅하자

"비용 절감을 위해서 또 하나 중요한 것이 바로 조직을 만들 때 지역의 우선순위를 배분하는 것이야. 내 파트너 중 한 명인 한 사장님을 소개해줄 테니 한번 이야기를 들어봐. 그분의 경험이 김 사장 사업 확장에 도움이 될 거야."

"한 사장님이라면 본사에 항상 상주하시는 그분?"

"상주하시는 것은 아니시지만, 본사 활용을 굉장히 잘하시는 분이시지. 김 사장과 같이 부업자야. 강남의 IT 회사에 다니셔."

"뭐라고? 난 전업자인지 알았지 뭐야. 항상 회사에 계시는 것 같다는 느낌을 받았거든."

"퇴근하시고 이곳으로 출근하다시피 하는 분이지. 특히, 토요일에는 거의 본사에 있다고 보면 돼. 후원 미팅, 팀 미팅을 외부보다는 본사에서 하는 타입이시지. 한 사장님은 본사를 적극적으로 활용하여 사업을 잘 펼치시는 분으로 유명하니까 그 노하우를 한번 배워 봐."

한 사장은 김유신 스폰서의 파트너이고, 나와는 형제 라인이었다.

나보다 조금 연배가 있어 보였고, 항상 조용하시지만, 본사의 모든 시스템에 본인과 파트너를 참여시키는 것으로 유명했다.

"한 사장님, 안녕하세요. 저는 김의심이라고 합니다. 오늘도 여지없이 본사에 계시네요."

"아, 반갑습니다. 김유신 스폰서님의 지인으로 요즘 가장 떠오르는 스타라고 들었습니다."

한 사장은 조용한 말투가 인상적이었다. 차분해 보이면서도 정돈된 모습 그리고 오늘도 어김없이 양복을 입고 나온 모습이 프로 네트워커로서의 이미지를 풍기고 있었다.

"한 사장님도 저와 같은 직장인이라고 들었는데, 정말 열정적으로 일하고 계신 것 같아요."

"하하, 네, 맞습니다. 올해 쉰둘입니다. 스물 일곱 살부터 직장 생활을 했으니까 벌써 횟수로…… 25년 차네요."

"우와, 저보다 몇 년 선배시네요. 이 사업을 시작하신 지는 얼마나 되신 거예요?"

한 사장은 이 사업을 시작한 지 6개월이 되었다고 했다. 전에 여러 사업에 도전해 본 적이 있는데 자신의 불찰로, 그리고 회사의 불찰로 모두 실패한 경험이 있다고 털어놓았다.

"사장님의 불찰과 회사의 불찰이요?"

"네, 제 불찰은 제가 네트워크 마케팅 사업 방법을 몰라 사업에 실패한 케이스였고, 회사의 불찰은 열심히 조직을 구축해 놓았는데 회사가 없어져 버리는 경우가 있었습니다. 그래도 네트워크 마케팅 사업의 비전은 확실하다고 판단했기에 네 번째 사업으로 본 사업을 진행 중입니다."

"네 번째요? 저런, 많이 힘드셨겠어요."

"네, 하지만 시행착오를 많이 한 만큼 많이 배우기도 했습니다. 그래서 지금 이 사업에서는 6개월 만에 루비라는 직급까지도 갔고요. 4번째 사업 만에 가장 높은 직급입니다. 이번 달이 지나면 에메랄드로 승급할 것 같습니다. 제 목표인 1년 안에 다이아몬드 승급의 꿈도 멀지 않은 것 같습니다. 그래서 하루하루 기쁘기 이를 데가 없습니다. 다이아몬드 직급까지 가면 직장은 그만두고 집중적으로 본 사업을 본업으로 진행하고자 합니다."

"저도 지금은 부업으로 시작했어요. 직장도 조금 불안하고 해서 말입니다. 앞으로 많은 가르침을 부탁드립니다. 한 사장님께 한 가지 꼭 여쭈어보고 싶은 것이 있어요. 김유신 스폰서께서 말씀하기를 본사를 굉장히 잘 활용하고 있다고 하시던데, 그 방법 좀 알려주실 수 있을까요? 본사를 잘 활용한다면 두 마리 토끼를 잡는다고 하셨어요."

"네, 제가 세 번의 시행착오를 통해 깨달은 것은 사업의 효율성을 극대화해야 한다는 것이었습니다. 비용을 절감하면서도 사업을 번창시키는 방법에 대해서 알려드릴게요."

비용을 낮추면서 효율성을 높이는 3가지 비법

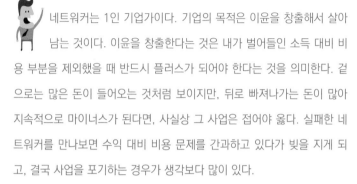

네트워커는 1인 기업가이다. 기업의 목적은 이윤을 창출해서 살아남는 것이다. 이윤을 창출한다는 것은 내가 벌어들인 소득 대비 비용 부분을 제외했을 때 반드시 플러스가 되어야 한다는 것을 의미한다. 겉으로는 많은 돈이 들어오는 것처럼 보이지만, 뒤로 빠져나가는 돈이 많아 지속적으로 마이너스가 된다면, 사실상 그 사업은 접어야 옳다. 실패한 네트워커를 만나보면 수익 대비 비용 문제를 간과하고 있다가 빚을 지게 되고, 결국 사업을 포기하는 경우가 생각보다 많이 있다.

네트워커가 쓰는 비용 중 가장 큰 지출이 커피값과 식사 비용과 같은 식대, 다음으로는 교통비가 있다. 활동이 왕성한 네트워커는 하루에 10만 원 이상의 비용이 발생하며, 이를 한 달로 따져보면 300만 원, 일 년이면 3,600만 원이라는 어마어마한 금액이 나온다. 웬만한 회사에서 중간 직급 이상의 소득은 나와야지 겨우 수익이 발생하는 구조다.

일단 네트워크 마케팅 사업에서 살아남기 위해서는 이 비용 구조를 최소화하면서 효율성을 극대화하는 것이 매우 중요하다. 이를 위한 몇 가지 팁을 제시한다.

1) 사업 동선을 최소화하라

왕초보 네트워커에게 꼭 당부하고 싶은 말은 초기 조직 세팅 시 자신이 사는 지역을 중심으로 사업을 펼쳐가라는 것이다. 서울에 산다면 서울에서 시작해 경기권으로, 부산에 산다면 부산에서 시작해 경남권을 중심으로 사업을 펼쳐가자.

사업 초기에는 내 주도로 미팅 스케줄을 잡을 수 있다. 이때 자신이 거주하는 지역을 중심으로 미팅을 잡는 것이 좋다. 서울에 사는데 제주도의 지인을 리크루팅 하러 간다면 적어도 20만 원 이상의 엄청난 비용이 발생하며, 리크루팅이 되지 않았을 때 그 비용은 고스란히 내가 떠안아야 한다. 설령 리크루팅이 되었다 할지라도 파트너 사업자의 후원 미팅을 위해 비용은 꾸준히 증가할 수밖에 없다.

열정은 좋지만, 비용과 효율성을 고려한다면 어렵더라도 사업 초기에는 내 주위, 내 지역을 중심으로 사업 파트너를 찾는다. 이후 파트너가 생기면 자연스럽게 다른 지역으로 후원 미팅 스케줄이 잡힐 수밖에 없다. 이때도 한 건의 미팅을 위해서 큰 비용을 들이면서 이동하지 말고, 먼저 스폰서 중 지방에 미팅이 있는 사람을 찾아 파트너 사업자의 후원 미팅을 부탁하는 것이 좋다. 한 지역의 파트너 사업자가 많아져 후원 미팅과 교육의 수요가 많아진다면, 일주일에 하루를 정해서 정기적으로 내려가고 파트너 사업자에게 그날의 미팅 스케줄을 미리 잡아달라고 부탁한다면, 비용의 효율성은 훨씬 높아진다.

2) 본사를 최대한 활용하라

웬만한 네트워크 마케팅 회사는 서울에 본사가 있고, 5대 광역시에 센터를 두고 있다. 또한, 각 지역 별로는 개인 또는 그룹이 센터를 만드는 경우가 상당수다. 이곳에서는 보통 회의 시설과 함께 간단한 식음료가 제공된다. 또한, 회사 공식 교육 일정이 있는 날을 제외하고는 붐비는 경우가 거의 없다. 신규 또는 파트너 사장님과의 미팅을 잡고자 할 때, 본사를 활용하면 네트워커의 최대 적인 커피값을 절약할 수 있다.

3) 자사 제품을 활용하자

본사를 이용하지 못할 경우에는 커피숍을 이용할 수밖에 없다. 이때 프랜차이즈 커피숍에서 대부분 미팅을 하는데, 두 잔만 시켜도 보통 만 원이 넘는다. 그렇다고 커피값이 걱정되어 본인 것을 시키지 않으면, 상대방이 불편해진다.

여기에 일거양득 해결책이 있다. 자사 제품 중 음료 제품이 있다면 미팅 시 항상 들고 다니자. 내가 속해 있는 회사는 해양심층수와 수소수기 렌탈 상품이 있어 나는 미팅 때마다 이것을 들고 나가서 마신다. 비용 절약은 물론이고, 판촉의 기회도 된다. 프랜차이즈 커피숍은 1인 1잔에 대한 기준이 없는바, 꼭 이 방법을 활용하기 바란다. 커피값의 반은 절약된다.

지금까지 이야기한 내용을 단순히 구두쇠가 되자는 말로 오해하면 안 된다. 네트워크 마케팅 사업에서 벌어들인 돈의 50%는 내 돈이 아니라는 말이 있다. 즉, 파트너 사업자를 위해서 써야 하고, 활동을 위해서 써야 하는 투자금이라는 의미다. 하지만 그 비용이 50%를 넘어 내가 가져갈 수익을 넘어서고 있다면, 그 사업은 이미 실패의 길로 들어선 것이다. 비용을 효율적으로 쓰는 법을 배우지 않으면 성공한 네트워커는 될 수 없다. 이 점을 꼭 명심하기 바란다.

"한 사장님 말씀을 들어보니 비용을 절약하면서도 효율성을 강화할 수 있는 좋은 방법이 있네요."

"맞습니다. 저는 본사를 최대한 활용하자는 부분에 특히나 무게를 두고 있습니다. 본사를 활용하면 비용 절감 이외에도 많은 이점이 있습니다. 일단 본사에 오면 사람들이 북적북적합니다. 사업을 알아보는 사람들 입장에서는 '왜 이렇게 사람이 많아? 이 사업이 정말 되는 사업이구나.'라고 확신을 주는 효과도 있습니다. 또, 성공하신 직급자들이 항상 상주하고 있으니 갑작스러운 후원 미팅도 문제없이 진행할 수 있습니다. 그래서 저는 퇴근하고 가능한 후원 미팅이나 파트너와의 미팅은 본사에서 처리합니다. 토요일에는 저희 서울팀 미팅을 본사에서 잡고, 이곳에서 온종일 있으면서 파트너들이 본사로 모일 수 있도록 만듭니다."

사실 본사로 파트너들을 모이게 하면 전국을 다니면서 사업하지 않아도 되고, 효율성도 높아진다는 것은 알고 있었다. 하지만 제각각 삶의 패턴이 있는지라 사실 본사로 모이는 상황을 만들기는 쉽지 않은 일이었다.

"그런데 사람마다 다들 개인 사정들이 있을 텐데, '본사로 모이자!'가 잘 될까요?"

"사실, 이건 문화를 어떻게 만들어가느냐에 따라서 다릅니다. 전업자든지, 부업자든지 사업을 제대로 해서 돈을 벌고자 한다면 자신의 시간을 투자해야 합니다. 물론 부업자의 경우는 저처럼 퇴근 후나 주말에 시간을 내는 사람이 대부분일 테지요. 그러면 이분들이 소속감을 가지고 항상 모일 수 있는 장소를 만들어 주어야 합니다. 그게 본사가 되면 돼요. 성공한 직급자분들은 처음에는 어렵지만, 본사로 사람을 모으는 데 집중합니다. 문화를 만들어가는 거지요! 한 번 문화가 만들어지면 외부 미팅은 줄어드는데, 그 성과는 몇 배로 늘어납니다."

"알겠습니다. 성공하신 분들이 그렇다면 무조건 그런 것이 네트워크 마케팅 사업이라는 것을 잘 알고 있습니다. 저도 무조건 따라서 본사를 중점으로 팀을 키워보겠습니다."

"본사를 장악하는 사람이 회사를 장악한다는 말이 있습니다. 이를 위해서도 본사로 사람을 모으셔야 합니다. 저와 함께 본사를 장악해 보시지요. 하하하!"

개인 브랜드에
시간을 투자하라

잘 만들어 놓은 개인 브랜드는 사람을 모아온다

사업설명회를 잘하는 법에 대해서 점점 관심이 생기기 시작했다. 이제 곧 많은 사람 앞에서 김유신 스폰서처럼 박수를 받으면서 사업설명회를 하고 싶다는 목표가 생겼기 때문이다. 그래서 사업을 잘하는 스폰서들의 사업설명회를 찾아서 들어보았다. 마침 업체 미팅을 일찍 마친 날에 본사 스케줄을 보니 주주부 스폰서의 사업설명회가 있기에 본사로 발걸음을 돌렸다.

"스폰서님, 저 왔어요."

"직장생활도 바쁘실 텐데 오셨네요. 김 사장님은 진심으로 성공하실 겁니다."

"볼 때마다 느끼는 거지만 참 동안이라는 생각이 들어요. 누가 40
세라고 믿겠어요. 오늘 사업설명회를 직접 들으니 강의력도 엄청나시
더라고요! 미모도 상당하신데, 거기에 강의력까지……, 정말 다이아
몬드가 아무나 되는 것이 아니라는 생각을 하게 되었습니다."

"아직 모르시는군요. 저의 비포(BEFORE)와 애프터(AFTER) 모습을
요? 저희 회사에서는 꽤 유명한데 말입니다."

그 말과 함께 1년 전 자신의 모습이라며 사진 한 장을 보여주었다.
그곳에서는 비만 체형의 여성이 있었다. 펑퍼짐한 티셔츠에 뱃살 가
득 접히고, 머리는 산발하고 자녀들과 함께 찍은 사진이었다. 지금과
는 그 모습이 180도 다르지만, 놀랍게도 주주부 스폰서였다.

"아니, 이게 스폰서님의 1년 전 모습이라고요?"

"이 사업을 처음 시작할 때 모습이에요. 둘째를 낳은 후 직장을 그만두고 전업주부로 5년을 보냈었죠. 잘 아시겠지만, 집에만 있다 보니 누가 봐주는 사람도 없고, 결국 저를 놓아버리게 되더라고요. 당시 76kg까지 나갔었죠. 제 키가 164cm이니까 엄청난 비만이었어요."

"우와, 변신 대성공이신데요. 항상 느끼는 거지만 지금은 20대 후반으로 밖에는 보이지 않아요. 두 아이의 엄마라는 생각도 전혀 들지 않고 말이지요."

이후 주주부의 이야기가 이어졌다. 몇 년 동안 아이만 키우다 보니 자기 자신을 점차 잃어가는 것을 발견했다고 한다. 또, 남편의 박봉만 가지고는 네 식구가 생활하는 것도 빠듯해서 부업으로 네트워크 마케팅 사업을 시작했다고 했다.

"그런데 어떻게 이토록 아름다워지셨어요?"

"김유신 스폰서님 조언대로 했을 뿐입니다. 처음 사업 설명을 듣고 난 후 개인 미팅을 했는데, 그때 저의 고민을 이야기했더니 제게 먼저 자신을 가꾸고 아름다워지라고 이야기하더군요. 네트워크 마케팅 사업은 내가 점포가 되는 사업인데 점포가 예뻐야 제품도 더 잘 팔리고, 점포를 만들고 싶은 사업자가 찾아온다고 하셨습니다. 그래서 이를 악물고 저희 제품을 통해서 다이어트를 시작했어요. 화장품도 정량의 두 배 이상을 써 가며 저를 인테리어 하는 작업을 지속했습니다."

"확실히 효과가 있었네요."

"우리 회사 제품도 끝내주더라고요. 정상적으로 섭취하고 두 달이 넘어갈 때쯤 몸무게가 17kg이나 빠졌습니다. 17kg 감량도 멋진 경험이었지만, 제품으로 다이어트를 하면서 또 얻은 것이 있습니다. 바로 제 개인 브랜드입니다."

"개인 브랜드요?"

"제가 열심히 살을 빼고 있는 도중 김유신 스폰서님이 제가 지금 다이어트를 하는 매일 일분일초를 콘텐츠로 만들라고 조언해주시더군요. 그리고 만약 다이어트에 성공하면 '다이어트 주부 성공 코치 - 주주부'라는 브랜드로 자신의 브랜드를 만들어보면 어떻겠냐고 조언해주셨습니다."

One Point Lesson 49
개인 브랜드는 사업자를 부르는 마력이 있다

네트워크 마케팅 사업은 긴 호흡으로 접근해야지 성공하는 사업이다. 파이프라인, 즉 조직이 갖추어지기까지는 분명 시간이 걸리기 때문이다. 이 시간 동안 조직 구축과 함께 나를 대표할 수 있는 브랜드를 개발하는 것을 반드시 추천하고 싶다.

네트워크 마케팅 특성상 초기에 명단을 만들고 이를 접촉하는 반복적인 작업을 계속하다 보면 명단이 점차 줄어들 수밖에 없다. 명단이 줄어든다는 것은 이 사업에서 아주 치명적이다. 이에 자연스럽게 명단이 늘어날 수 있는 구조를 함께 만들어가야 한다. 이것이 바로 개인 브랜드를 개발하고 투자해야 하는 이유다.

필자의 경우, 사업 초기부터 〈왕초보 네트워커를 위한 성공 가이드 채널

- 유신TV〉를 유튜브 상에서 운영해왔다. 나 자체가 왕초보 네트워커였기 때문에 하루하루 경험하는 시행착오를 5분 정도의 짧은 동영상으로 만들어 올리기 시작했다.

이 책을 쓰고 있는 시점은 〈유신TV〉의 만 1년 차 시점이다. 현재 〈유신TV〉는 구독자 수 1,500명, 누적 조회 수가 25만 회를 넘겼다. 유명 유튜버와 비교하기에는 너무나 작은 채널에 불과하지만, 네트워크 마케팅 사업 카테고리에서는 가장 조회 수가 많은 채널이 되었다. 더 재미있는 것은 하루에 2~3건의 신규 사업 문의가 들어오고 한 달에 20명 이상의 신규 사업자가 바로 〈유신TV〉를 통해서 만들어지고 있다는 사실이다.

만약 이대로 〈유신TV〉가 성장해간다면 5년 내로 구독자 수 10만 명, 누적 조회 수는 약 1,000만을 넘기게 될 것이다. 그러면 내 산하 파트너는 얼마가 늘어나게 될 것인가? 상상만 해도 즐겁다.

한 명의 사업자를 만드는 데는 정말 큰 비용과 노력이 들어간다. 하지만 개인 브랜드를 잘 키우고 이 브랜드를 통해서 자연스럽게 찾아오는 구조를 만들어 놓는다면, 사업의 성장 속도는 점차 늘어갈 것이다.

"김유신 스폰서님은 예전에 직장에서 마케팅 매니저로 일하신 적이 있어서 그런지, 브랜드 전략을 중요시하더라고요. 본인도 그래서 〈유신TV〉를 찍기 시작한 거고요! 그런데 1년 만에 그 성과가 대단합니다. 스폰서님은 우리 회사에서 스타예요. 1박 2일 세미나 같은 곳에 가면 너도나도 사진 찍자고 하고, 사인도 받아간다니까요. 심지어는 타사에서도 〈유신TV〉를 보고 공부를 하더라고요. 감사 카톡도 엄청

받으십니다. 그런데 더 재미있는 사실은 〈유신TV〉를 통해서 네트워크 마케팅 사업을 제대로 해보고 싶어 하는 왕초보 네트워커들이 지속적으로 문의하고 유입되고 있다는 거예요."

'네트워크 마케팅 사업을 하겠다고 사람이 찾아온다?' 정말 꿈만 같은 일이다. 항상 사업자를 찾아내기 위해 명단을 개발하는 데 집중하는데, 그냥 자기 발로 찾아오는 루트를 만들 수만 있다면 이보다 더 좋은 리크루팅 법이 어디 있겠는가?

"그래서 계속 개인 브랜드를 강조하시는 거예요. 저도 다이어트 성공 코치라는 브랜드를 처음부터 사용했고, 제가 다이어트하면서 매일 만들어간 콘텐츠를 가지고 SNS와 유튜브에 올리면서 1년간 개인 브랜드를 쌓아나갔더니 한 달에 몇 명의 사업자 또는 소비자가 자연스럽게 찾아오더라고요. 다이어트에 관심 많은 사람이 말이지요."

"전 네트워크 마케팅 사업은 사람을 찾아다니는 사업이라고만 생각했는데 생각을 전환해야겠네요."

"김 사장님도 사업을 지금부터 시작하신다면, 개인 브랜드를 하나 정하고 가세요. 1년 정도 후에는 한 달에 사장님을 찾아오는 사업자와 소비자가 점차 많아지실 겁니다. 사람을 한 명 찾는데 쓰는 시간이 얼마나 오래걸리는지 아시잖아요. 그걸 절약해주는 겁니다."

"우와, 그런 꿀팁이 있었군요. 당장 실행해봐야겠는데요?"

"당장 실행하세요. 열정을 가지고 꾸준히 펼쳐나가셔야 합니다."

자신의 경력을 활용한 개인 브랜드를 만들자

"그러면 스폰서님이 판단하실 때 저는 어떤 개인 브랜드를 만들어 가면 좋을까요?"

"제일 중요한 것은 자신의 기존 경력을 잘 활용하고 앞으로도 전문 가가 되고 싶은 분야를 선정하는 것이 제일 중요합니다. 저는 다이어 트를 해야 할 상황이었고, 그냥 한 명의 주부였으니까 '주부 다이어트 성공 코치'라는 개념을 잡은 거예요. 김유신 스폰서님은 자신이 왕초 보로 사업을 시작해서 다이아몬드라는 직급자까지 올라간 경험을 하나하나 콘텐츠화하고, 이를 통해 '왕초보 네트워커 성공 전략가'라는 개인 브랜드를 만든 거죠! 교육사업 경험을 바탕으로 〈유신TV〉를 제작하게 된 것이고요. 이처럼 사장님의 경력과 강점이 무엇일지 한번 고민해보세요."

사실 개인적으로 생각해보면 내 인생에서 내세울 만한 것이 별로 없다. 직장생활만 오래 했고……, 주주부 스폰서처럼 다이어트를 할 것도 아니고, 이 사업을 시작한 이유도 그냥 미래를 위한 부업 플랜을 고민해서 이 사업을 시작한 것일 뿐이다. 이런 상황에서 개인 브랜드 화시킬 만한 것은 없겠다는 생각을 하던 찰나…….

"직장인…… 그리고 부업 플랜…… 조합하면 뭔가 나올 것 같은데 요? 직장인을 위한 부업 플랜 전문가, 좀 더 세련되게 하면 직장인 B 플래너 또는 직장인 B플랜 전문가, 직장인 B플랜 컨설턴트……. 김 사장님, 이런 콘셉트는 어떠세요?"

"오호! 직장인 'B플랜 컨설턴트' 이거 정말 좋은데요! 네트워크 마케팅 사업을 통해 직장인을 위한 미래 플랜을 선배 입장에서 제안해주는 컨설턴트, 이거 정말 맘에 듭니다. 아무 계획 없이 직장생활만 해왔던 저 같은 사람들이 정말 많을 것 같아요. 이런 사람들에게 제가 노하우를 전수해준다면 많은 분이 저를 찾아와주실 것 같습니다. 역시 주주부 스폰서님 대단하십니다."

"별말씀을요. 김 사장님에게 정말 잘 어울리는 개인 브랜드인 것 같습니다. 게다가 조금 코믹하게 접근할 수 있을 것도 같아요. 사장님 성함이 김의심이잖아요. 이름을 활용해보시자고요."

"어떻게요?"

"의심하지 말고 찾아오세요. 직장인 B플랜 컨설턴트 - 김의심!"

기가 막힌 아이디어였다. 항상 놀림만 받았던 내 이름이 빛을 발휘하게 될 절호의 찬스까지 마련된 것이다.

"호호호, 뱃살만 좀 더 빼시고, 저희 화장품으로 피부만 더 좋게 만드신다면 더 멋진 결과가 나올 것 같습니다. 거기에 월 1,000만 원 버는 다이아몬드까지 승급하신다면, 그 브랜드는 화룡점정을 찍게 되겠지요."

"하하하! 예, 명심하겠습니다. 오늘부터 제품으로 다이어트 시작하고 피부 광나게 화장품 열심히 바르겠습니다."

250

SNS를 통해 나만의 브랜드를 확장하자

"자, 이제 김 사장님만의 멋진 브랜드는 만들었고, 다음 단계로 한 번 가 볼까요?"

"아, 브랜드를 만드는 것만으로 끝이 아니군요."

"나만의 멋진 브랜드가 한 번에 만들어지지는 않습니다. 우선 본인만의 독특한 콘텐츠가 있어야 합니다. 이 콘텐츠는 시간만 있고 꾸준함만 있다면 쉽게 만들어갈 수 있습니다.

One Point Lesson 50
매일 쓰는 네트워커 일기

 개인 브랜드의 핵심은 바로 콘텐츠다. 내가 제안하는 너무나 쉬운 콘텐츠 만들기 비법이 있다. 바로 '일기'다.

매일 자신이 먹은 식단표를 5년간 사진으로 찍어두었던 사람이 한 제약 회사에 그 사진을 판매해서 5천만 원 정도의 소득을 벌었다고 한다. 하루는 약하지만, 그게 1년이 되고 5년이 되면 막강한 콘텐츠로 발전하게 된다.

내게 특별한 무언가가 없다면 네트워크 마케팅 사업을 시작한 날부터 '왕초보 네트워커 일기'를 써보자. 매일 겪는 거절의 고통, 돈을 버는 재미, 파트너가 생기면서 일어나는 다양한 에피소드를 그냥 매일 일기로 쓰는 것이다. 욕을 써도 되고, 눈물 자국을 남겨도 된다.

분량이 어느 정도 쌓이면, 그 어떤 콘텐츠보다 현장감 있고 노하우가 가득한 특별한 콘텐츠가 된다. 거기에 만약 당신의 직급이 다이아몬드라면 책을 출간해도 문제없을 것이다.

〈유신TV〉의 성공 이후 필자는 산하 파트너들과 개인 브랜드 양성 프로

젝트를 진행 중이다. 공통 카톡방을 만들고 매일 네트워크 마케팅 사업을 통해 얻은 경험을 일기로 써 달라고 요청했다. 이들이 작성한 내용이다.

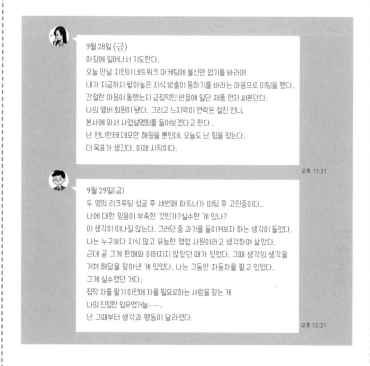

9월 28일 (금)
아침에 일어나서 기도한다.
오늘 만날 지인이 네트워크 마케팅에 불신만 없기를 바라며
내가 지금까지 쌓아놓은 지식 방출이 통하기를 바라는 마음으로 미팅을 했다.
간절한 마음이 통했는지 긍정적인 반응에 일단 제품 먼저 써본단다.
나의 맴버 회원이 됐다. 그리고 느지막이 연락온 절친 언니,
본사에 와서 사업설명회를 들어보겠다고 한다.
난 언니한테 데모만 해줬을 뿐인데. 오늘도 난 힘을 얻는다.
더 목표가 생긴다. 이제 시작이다.

오후 11:21

9월 29일(금)
두 명의 리크루팅 성공 후 세번째 파트너가 미팅 후 고민중이다..
나에 대한 믿음이 부족한 것인가?실수한 게 있나?
이 생각이 떠나질 않는다. 그러던 중 과거를 돌이켜보자 하는 생각이 들었다.
나는 누구보다 지식 많고 유능한 영업 사원이라고 생각하며 살았다.
근데 곧 그게 판매와 이어지지 않았던 때가 있었다. 그때 생각의 생각을
거쳐 해답을 찾아낸 게 있었다. 나는 그동안 자동차를 팔고 있었다.
그게 실수였던 거다.
정작 차를 팔기이전에 차를 필요로하는 사람을 찾는 게
나의 진정한 임무였거늘…….
난 그때부터 생각과 행동이 달라졌다.

오후 12:21

이들도 모두 왕초보 네트워커들이지만 이렇게 쌓이는 콘텐츠 속에서 사업의 성공을 매일 기원하고 목표를 재설정하는 모습을 보면, 뿌듯하기까지하다. 이들의 1년 후 모습이 기대되는 대목이다. 당신도 오늘부터 '매일 쓰는 네트워커 일기'를 실천해보기 바란다.

"일기는 자신 있습니다. 제가 나름 문학 소년이어서 글은 좀 써요."
"하하하! 이유 있는 자신감이실 거라 믿어 의심치 않습니다. 꾸밈없

이 사업을 하시면서 느끼는 소중한 경험과 소감 등을 하나씩 정리하시면, 1년 정도 후에는 엄청난 콘텐츠가 되어 있을 겁니다."

일기는 써본 적이 없었지만, 생각나는 것이 있으면 메모장에 끄적이던 버릇이 있었던 나로서는 도전해볼 만한 과제였다.

"네! 꼭 만들어 볼게요! 그러면 그 이후 단계는 무엇이 있을까요?"

"브랜드를 만드는 이유는 다른 사람들에게 나만의 브랜드를 알리기 위함이잖아요. 그러면 알리는 방법에 집중적으로 매달려봐야죠. 그래야지 더 많은 사람이 사장님께 사업 문의를 하게 되겠지요. 일반적으로 자신을 알리는 방법은 블로그, 인스타그램, 페이스북, 카카오스토리, 유튜브 등을 이용하는 것입니다. 이들 SNS의 장단점, 활용 방법은 제가 간단하게 정리해 놓은 것이 있으니 참고하시고, 김 사장님에게 가장 적합한 SNS를 골라 자신의 콘텐츠를 하나하나 쌓아가세요."

One Point Lesson 51
개인 브랜드를 키우기 위한 SNS 장단점

 네트워커에게 SNS는 필수다. 잘 키운 SNS 계정은 한 명의 사업자를 만드는 데 필요한 열정과 노력을 크게 줄여준다. 그래서 자신의 취향과 연령, 회사의 주력 제품에 맞는 SNS를 결정하고 꾸준히 키워나갈 것을 추천한다.

1) 네이버 블로그
가장 전통적인 매체 중 하나다. 네이버 검색 시 상위 노출이 가능하다는 면에서 매우 매력적이다. 일단 자신이 글을 잘 쓴다고 생각하는 사람에게 추천한다. 상위 노출되기 위한 팁이 있으니 반드시 검색해서 정보 수집 후 글을 올리기 바란다. 상위 노출까지는 시간이 지나치게 오래 걸리는 점, 글 하나 쓰는 데 많은 노력과 시간이 걸린다는 단점이 있다.

2) 카카오스토리

카카오스토리는 카카오톡과 연동되어 있기 때문에 일단 카카오톡 보유 자를 대상으로 홍보할 수 있는 채널이 완성된다는 장점이 있다. 사진만 올려도 홍보가 되기 때문에 초보자들에게는 매우 쉬운 채널이다. 다만, 네트워크 마케팅 사업을 부업으로 진행하는 직장인의 경우, 자신의 지인 모두에게 사업이 노출될 수 있다는 단점이 있다. 전업자에게 추천하는 매체이다.

3) 페이스북

20~40대 연령층에게 추천하는 매체다. 짧은 글쓰기를 좋아하는 사람에게 강력히 추천한다. 친구를 만들기 매우 쉽고, 확장성 또한 빠르다. 일단 네트워크 마케팅 사업을 시작했다면, 페이스북 계정은 무조건 만들어 보자. 매일 일기를 자신의 계정에 올리는 것도 추천한다. 큰 단점이 없는 매체다.

4) 인스타그램

외모에 자신 있는 사람, 사진 좀 찍는 사람, 비포 애프터가 확실한 사람들에게 강력히 추천하는 매체다. 일단 사진에 초점을 맞춘 매체이다 보니 글발은 필요가 없다는 장점이 있다. 다만 외모 지상주의가 매우 심한 매체이다.

5) 유튜브

일단 동영상 기반의 유튜브 채널은 무조건 계정 하나씩을 오픈한다. 그리고 서툴더라도 영상을 꾸준히 만들어 올려본다. 편집도 필요 없다. 그냥 핸드폰으로 찍어서 자신의 일상을 올려보자. 특히, 키워드 점령은 필수이다. 예를 들어, '네트워크 마케팅 전문가'라는 키워드는 많은 사람이 이미 점령하고 있지만, '20대 아줌마를 위한 네트워크 마케팅 전문가'라는 키워드는 분명 경쟁이 덜하다. 지금부터 매일 이 키워드에 내 영상을 밀어 넣어 보자. 1년이 지나면 큰 성과가 날 것이다. 영상 수가 쌓이고, 조회 수가 늘어나면 별도의 수익도 발생할 수 있다.

정신력이 강한 자가
결국 승리한다

프로 네트워커라면 필독서는 반드시 읽자

네트워크 마케팅 사업을 시작한 지 벌써 9개월이 넘어가고 있었다. 그러던 중 역시나 예상했던 사태가 벌어지고 말았다. 회사에서 명예 퇴직을 권고했고, 퇴직금과 일정 수준의 위로금을 받기로 하고 이를 받아들였다. 유신에게 이 상황을 솔직히 말하기로 했다.

"유신아, 나 네트워크 마케팅 사업을 전업으로 고민하고 있어."

"벌써? 아직 좀 이른 것 아닐까? 아직 주업의 소득만큼은 나오고 있지 않잖아. 한 6개월 정도 더 시간을 두고 사업을 키우면서 상황을 보는 것이 어때?"

"사실은 나 이야기 안 한 것이 있어. 처음에 이 사업 시작할 때 회사에서 명퇴 대상자였어. 그때 앞으로 뭐해 먹고 살아야 하나를 고민할 때, 이 사업을 만났던 거고. 얼마 전 결국 명예퇴직을 당하게 되었어. 그나마 이 사업을 빨리 시작해 놓은 것이 이렇게 큰 위안이 될 줄은 몰랐네."

명퇴 대상자가 된 이야기부터 이 사업을 선택하게 된 배경 그리고 얼마 전 명퇴당하면서 일어난 일까지 유신에게 이야기했다.

"저런, 그랬구나. 먼저 이야기를 하지 그랬어. 어쨌든 미래를 조금이나마 대비해 놓았던 것이 다행이었네. 그러면 전업자로서 필요한 '강력한 정신력 지키는 법'에 대해서 이야기해줘야겠네."

"정신력?"

"그래, 네트워크 마케팅 사업은 자기와의 정신력 싸움이라고 할 정도로 스스로 정신력을 잘 부여잡고 있는 것이 매우 중요해. 네트워크 마케팅 사업이 부업일 때는 '부업 소득이 들어오면 좋다'라는 수준이었지만, 전업의 세계로 들어서게 되면 정신력을 단단하게 부여잡지 않으면 사업하기가 매우 힘들어지거든. 그냥 이렇게 생각하면 돼. 커피숍 하나 차렸는데, 장사가 잘 안되면 사람이 흔들리기 시작하지. 하루하루 적자가 늘어가고, 대출도 늘어가고, 월세가 밀려갈 때의 기분을 상상해본 적 있어?"

"끔찍하겠지."

"맞아. 커피숍이 부업일 때는 그 강도가 훨씬 덜하겠지만, 주업이 되는 순간, 즉 내가 돈을 벌 방법이 커피숍밖에 없으면 그 끔찍함의 강도는 더욱 강해질 거야. 네트워크 마케팅 사업도 내가 사장인 사업이잖아. 그러니 나의 정신력과 행동에 따라 그 사업의 성과는 달라지게 되어 있어."

유신의 말이 확실히 이해가 갔다. '내가 사장인 사업이니 내가 수입의 모든 것을 책임진다' 회사원으로 평생 살아왔던 나로서는 경험해 보지 못한 압박의 수준이 되겠다는 생각이 들었다. 부업으로 사업할 때와는 또 상황이 다를 것 같다.

"그래서 정신력의 중요성을 이야기하는 거야. 그럼 전업자로서 '나와의 싸움에서 이기는 방법'을 본격적으로 전수해 줄게. 먼저 프로 네트워커라면 반드시 네트워크 마케팅 기본 이론과 성공학, 리더십 관련 서적을 읽어야 해."

"네트워크 마케팅 이론과 관련된 것도 따로 공부해야 해?"

"물론이야. 네트워크 마케팅과 관련된 필독서는 반드시 읽어보는 것이 좋아. 물론 회사에 따라 적용 범위와 세부적인 내용이 다를 수는 있지만, 네트워크 마케팅 사업을 하는 사람이라면 반드시 읽어야 할 필독서는 몇 번이고 읽어 보았으면 좋겠어."

사실 대학교 이후로 책과는 담을 쌓고 살았다. 직장 생활도 바쁘고 쉬는 날이면 TV를 끌어안고 애인 삼아 시간을 보내던 나로서는 책을 읽으라는 말은 왠지 피하고 싶은 이야기 중 하나였다.

"성공학과 리더십 관련 책은 사업이 성장하면서 셀프 리더로서의 역량은 물론 조직을 관리할 수 있는 사람이 되어야 하니 추천을 하는 거야. 성공학 책은 정신력을 강력하게 붙잡고 있어야 하므로 추천하는 거고. 내가 추천하는 프로 네트워커 필독서야. 오늘 서점에 갈 때 꼭 몇 권 정도는 사 들고 가도록 해."

One Point Lesson 52

프로 네트워커를 위한 필독서 15선

네트워커에게 있어 책은 단순한 지식을 함양하기 위한 수단이 아니다. 내 정신력을 잡고 있어 줄 가장 좋은 도구이기도 하다. 힘들 때, 그리고 삶의 방향성을 잃었을 때, 독서를 통해 재충전해야 하는 것이 바로 네트워커의 삶이다. 그래서 80년을 이어온 네트워크 마케팅 1위 기업인 암웨이에서는 하루에 30분 이상의 독서를 권장하고 있다.

1) 네트워크 마케팅 이론 필독서

네트워크 마케팅 사업을 시작하면 가장 첫 번째 해야 할 것이 네트워크 마케팅 이론 관련 필독서를 읽는 것이다. 나는 네트워크 마케팅 사업을 시작한 후에 국내 책과 해외에서 구매한 책을 포함해서 70여 권을 읽었다. 그중 여러분이 반드시 읽어야 하는 필독서는 다음과 같다.

제목	저자	추천 이유
『부자 아빠의 비즈니스 스쿨』	로버트 기요사키	네트워크 마케팅 사업 비전과 권리소득의 개념, 현금 사사분면의 개념을 이해하기에 좋은 책
『파이프라인 우화』	버크 헤지스	권리소득 이해를 위한 교과서

『네트워크 마케팅, 스타트-업!』	이영권	대한민국 네트워크 마케팅 1세대 이영권 박사가 풀어놓은 쉬운 입문서
『GO PRO: 네트워크 마케팅 프로가 되는 7단계』	에릭 워레	성공의 7단계를 쉽게 풀어놓은 네트워크 마케팅 입문서
『네트워크 마케팅 1년 버티면 성공한다』	마크 야넬, 르네 리드 야넬	네트워크 마케팅 전반을 쉽게 풀어놓은 입문서
『끝 없는 추구』	덱스터 예거, 존 메이슨, 스티브 예거	암웨이 최고 직급자이자 네트워크 마케팅 교육 시스템의 완성자의 이야기
『쇼더플랜』	돈 페일러	그룹을 확장하는 법이 요약되어 있는 책

2) 성공학과 리더십 관련 서적

리더십과 성공학 관련 도서는 네트워커에게는 성공 배터리가 방전되었을 때, 충전시켜주는 충전기 같은 존재이다. 항시 한 권 정도는 가방에 넣고 다니면서 읽자.

제목	저자	추천 이유
『시크릿』 『시크릿 데일리 코칭』	론다 번	끌어당김의 법칙을 대중화시킨 책
『2억 빚을 진 내게 우주님이 가르쳐준 운이 풀리는 말버릇』	고이케 히로시	끌어당김의 법칙을 너무나 쉽게 풀어 놓은 책
『부자 독학』	빅터 보크	부를 끌어당기는 법칙에 대해서 상세하게 풀어 놓은 책
『네 안에 잠든 거인을 깨워라』	앤서니 라빈스	셀프 리더로 성공하기 위한 방법을 제시하는 명서
『죽기 살기로 3년만』	신동일	벤츠 영업왕 신동일 이사가 직접 쓴 책으로 고객지향형 영업 방식을 배울 수 있는 책
『부의 추월차선』	엠제이 드마코	부자가 되는 방법에 대해서 새로운 시선을 제시한 책
『레버리지』	롭 무어	자신의 체험을 통해 부자가 되는 새로운 방법을 제시하는 책

"독서는 싫지만 이것도 복제이니 바로 실행할게."

"그리고 선물이 있어. 전업자가 되면 주려고 가지고 다녔던 건데 시간이 생각보다 앞당겨졌네. 자!"

"웬 계수기? 어디 행사 있어?"

"전업자가 된 기념선물이야. 항상 지니고 다녀."

"이건 왜 가지고 다녀야 해?"

"시간 날 때마다 '감사합니다'를 외치고 다녀. 마음속으로 또는 말로도 말이지. 그리고 '감사합니다'를 외칠 때마다 계수기를 꾹 눌러줘. 하루에 적어도 500번의 '감사합니다'를 꾸준히 외쳐야 해. 그러면 놀라운 일이 생길 거야."

One Point Lesson 53

하루에 '감사합니다' 500번을 외쳐라

네트워크 마케팅 사업에서 굉장히 중요한 것이 바로 본인의 '주파수 관리'다. 여기서 주파수란 자신의 기분 상태에 따라 많이 달라지는데, 보통 기분이 좋고 긍정적이면 주파수가 높아지고, 기분이 나쁘고 불안해지면 주파수가 낮아지게 된다. 자신의 기분과 컨디션이 좋을 때 리크루팅 확률이 더 높아지는 것은 바로 주파수가 높아지기 때문에 발생하는 일 중 하나다.

사람도 동물인지라 상대방의 기분 상태를 기가 막히게 파악한다. 그 사람이 사업에 대한 확신에 차 있고, 주파수가 높으면 사업에 대해서 호감도가 높아질 수밖에 없다. 반대로 사업에 대한 확신이 없는데, 리크루팅에 나

선 사람은 상대방이 기가 막히게 알아본다. 그리고 사업을 같이하지 않는다.

주파수 이론은 과학적 근거를 바탕으로 한다. 그래서 리크루팅 확률을 높이고 산하 파트너들의 사업 증진을 위해서라도 자신의 주파수를 항상 높이기 위해서 최선을 다해야 한다. 항상 긍정적이고, 열정에 차 있고, 사업에 대한 확신이 있는 자신의 모습을 만들고 유지하는 것이 매우 중요하다는 이야기다.

이를 위해서 '매일 감사합니다 500번 외치기'는 주파수를 높이는 최고의 방법 중 하나다. 사람이 힘든 상황에서 웃음을 짓는 표정을 짓거나 '하하하' 소리 내어 웃으면 우리 뇌는 순간 착각을 하게 되고 좋은 감정이 드는 것처럼 매일 '감사합니다' 500번을 외치는 것은 내 삶에 주파수를 항상 유지시켜 주는 고마운 역할을 한다. 500번 외치기가 습관화되면 항상 사소한 일에도 감사하는 마음을 가지고 살게 되며 사업도 당연히 잘 될 수밖에 없다.

한 발짝 걸을 때마다 '감사합니다'를 외치고 계수기를 누르면 된다. 감사할 거리가 생기면 '감사합니다'를 입으로 내뱉고 계수기를 누르면 된다. 일본의 유명한 베스트셀러 중에는 '감사합니다' 5만 번을 외치고 인생이 달라진 사람이 쓴 책이 있다. 오프라 윈프리와 같이 우리가 아는 많은 성공한 사람은 잠들기 전 감사 일기를 꼭 쓰고 잠을 청한다.

아주 단순한 습관이지만 '감사합니다'를 생활화하면 내 머리가 항상 모든 일에 감사하도록 바뀌고 마음가짐도 '감사합니다'에 초점을 맞추게 되고, 결국 감사할 일들이 더 많이 생겨나기 때문이다.

그냥 믿고 한번 해 봐라!

손해 볼 것은 없는데, 얻는 것은 정말 많다.

선언을 통해 다이아몬드의 꿈을 이루자

사업을 시작한 지 11개월 차, 드디어 꿈의 직급 다이아몬드 바로 전 단계인 에메랄드 직급에 도달하였다. 산하 파트너도 이제 60명이나 된다. 그동안 처음 접한 네트워크 마케팅 사업을 배우느라 고생에 고생했고, 파트너들과의 충돌로 인해 힘들기도 했지만, 평생 직업인 네트워커로서의 길을 선택한 것을 후회하지는 않았다.

"김 사장님! 에메랄드 승급을 축하합니다."

"김유신 스폰서님. 감사합니다. 다 스폰서님 덕분입니다."

"우리끼리 있을 때는 편하게 하자니까?"

"아닙니다. 이것도 다 복제가 되더라고요. 앞으로는 더욱 예의를 갖추어 대하겠습니다. 특히 회사에서는요."

사실 몇몇 파트너들이 유신이와 개인적인 대화를 나누는 것을 보고 사석이라고 해도 스폰서님께 존댓말을 썼으면 좋겠다는 의견을 주었다. 파트너들이 보는 상황에서 우리 사이가 너무 개인적인 관계로 흐르는 것 같아 어색하다는 것이었다.

"허허허! 좋은 자세입니다. 공식적인 자리에서는 서로 예의를 지키는 것은 매우 좋은 일입니다. 11개월 동안 정말 열심히 사업하셨고, 결국 다이아몬드 바로 직전인 에메랄드까지 이루셨네요. 대단한 성과입니다."

"이게 다 좋은 스폰서님의 가르침 덕분입니다."

"그러면 우리 1년이라는 시점이 가기 전에 다이아몬드에 마지막 도전을 해보겠습니다."

"네? 다이아몬드라니 꿈만 같군요."

다이아몬드……. 내가? 일단 김유신 스폰서의 말씀 한마디로 마음이 설레면서도 걱정이 앞서기 시작했다. 과연 내가 다이아몬드가 될 수 있을 것인가? 아직 부족한 것도 많은데…….

"네트워크 마케팅 사업의 꽃이지요. 다이아몬드 성취는 사실 굉장히 어려운 것입니다. 1%의 사람만이 성취하는 이유가 있겠지요. 하지만 착실하게 하나하나 기반을 쌓아온 김 사장님께서는 지금 시점에서는 충분히 올라가실 수 있는 자리입니다. 저도 앞으로 한 달 동안 초집중해서 김 사장님의 승급을 돕겠습니다."

"정말 감사합니다. 그럼 지금부터 나머지 기간 무엇을 해야 할까요?"

"우리가 배워온 대로 하시면 됩니다. 매일 리크루팅 3.2.1 법칙을 파트너들과 실현하면서 하루에 신규 리크루팅 미팅 8건이 돌아갈 수 있도록 해주십시오. 그리고 스폰서들과의 후원 약속 등을 적극적으로 잡아주시기 바랍니다. 아울러 앞으로 4주간은 매일 성과를 체크하면서 나가야 합니다. 목표 관리가 어느 때보다 필요한 시점입니다."

"알겠습니다. 산하 파트너가 60명이 되니, 이제는 도전해 볼 수 있겠습니다. 지난달 하루 신규 리크루팅 미팅이 5건 정도 돌아갔습니다. 그러니 3건을 추가로 잡을 수 있도록 노력하겠습니다."

"아, 그리고 가장 중요한 것이 하나 빠졌네요. 김의심 시장님의 다이아몬드 선언입니다."

"다이아몬드 선언이요?"

"네, 산하 파트너들에게 그동안 감사했고 수고하셨다고 이야기하시면서 이번 달에 다이아몬드 직급 도전을 하겠다는 것을 밝혀 주십시오. 그리고 같이 뛰어주십사 선언을 해주십시오. 다이아몬드 승급은 개인 혼자만의 역량으로는 힘듭니다. 팀의 역량이 한 군데로 뭉쳐야지만 가능한 직급입니다. 그 중심에는 바로 리더의 선언이 있습니다. 리더의 선언 한 마디는 모든 팀원을 하나로 뭉치는 힘이 있습니다. 그 선언 장소에는 저를 꼭 불러주세요. 제가 도움이 될 겁니다."

"알겠습니다. 내일 팀 미팅이 있는데, 그 장소에서 제가 다이아몬드 선언을 하겠습니다."

"좋아요. 저도 준비할게요."

약속된 다이아몬드 선언 날이 다가왔다. 밤새 끙끙거리면서 고민에 고민을 하고 팀 미팅에 참석했다. 팀 미팅에서는 김유신 스폰서가 먼저 배석하고 있었다. 팀 미팅이 시작되자마자 김유신 스폰서가 일어나서 단상에 나갔다.

"안녕하세요. 김의심 산하 파트너 여러분. 김유신입니다. 이 그룹은 김의심 사장님과 함께 차곡차곡 네트워크 마케팅 사업을 배워오시고 성과를 내신 팀입니다. 얼마 전 김의심 사장님께서 에메랄드가 되셨고, 루비 2조, 골드 6조가 탄생하게 되었습니다. 정말 축하드립니다. 오늘 제가 이 자리에 참석하고 여러분께 인사를 드리는 이유는 다름이 아니라 김의심 사장님을 이번 달 다이아몬드로 꼭 승급시키고자 한다는 저의 의지를 말씀드리고자 함입니다."

김유신 스폰서님이 이 말을 하는 순간 파트너 사장님들의 눈빛이 갑자기 바뀌면서 강의장 분위기가 엄숙해지기 시작했다.

"김의심 사장님은 사업 11개월 동안 정말 열심히 달려왔습니다. 항상 솔선수범하는 모습, 항상 파트너 사장님을 챙기는 모습을 보아오면서 우리 회사를 이끌고 갈 리더라고 더욱더 확신하게 되었습니다. 그래서 이번에 다이아몬드 직급을 꼭 보내고 싶습니다. 그러기 위해서는 여러분의 힘이 필요합니다. 앞으로 한 달 동안 김의심 사장님의 다이아몬드 승급을 위해서 여러분의 힘을 빌려주실 수 있겠습니까?"

얼굴이 화끈거림을 느꼈다. 결의에 찬 김유신 스폰서님의 발언에 나도 당황스러웠지만, 이 상황을 파트너들이 어떻게 받아들일지 걱정이 되기 시작했다. 그때…….

"네, 김의심 스폰서님은 저를 위해서 밤낮없이 뛰어주셨습니다. 스폰서님의 다이아몬드 가는 길에 제가 일조하겠습니다."

"저도 일조하겠습니다."

"저도 한 명이라도 더 리크루팅하겠습니다."

여기저기서 파트너들의 결의에 가득 찬 답변이 계속되었다. 순간 가슴이 벅차고 눈물이 흘러내리기 시작했다. 주체할 수 없을 만큼…….

"자, 그럼 이 타이밍에서 김의심 사장님의 다이아몬드 출사표를 직접 들도록 하겠습니다. 아주 큰 박수로 김의심 사장님을 모셔주시기 바랍니다."

사람들의 기립 박수가 터져 나왔고, 어느 순간에 나는 강단의 중심에 서 있었다.

"무슨 말을 해야 할지 모르겠습니다. 그냥 감동일 뿐입니다. 다 큰 남자가 이렇게 눈물이 헤퍼서 어떻게 하나 하는 생각밖에는 안 드는군요. 여러분이 저를 위해서 뛰어주신다는 말을 들으면서 정말 감사하고 감사할 따름입니다. 저는 무슨 일이 있더라도 이번 한 달간 어떻게든 다이아몬드를 달성하겠습니다. 많이들 도와주시고, 힘내주세요. 여러분 한 분 한 분의 힘이 제게 절실합니다. 부탁드립니다."

나의 다이아몬드 선언이 끝나고 김유신 스폰서님은 모든 사람에게 이번 다이아몬드 출정에서 본인이 어떤 역할을 할지 차례대로 이야기하도록 했다. 모두 결의에 차 있었고, 꼭 꿈이 이루어질 것 같은 느낌이 들었다.

"네트워크 마케팅 사업은 팀 사업입니다. 이번에 김의심 사장님이 다이아몬드가 되시면, 그 산하 분들은 2명의 에메랄드, 4명의 루비, 8명의 골드, 16명의 실버, 32명의 스태프가 나옵니다. 자신을 위해서라도 이번에 모든 분이 같이 뛰어갈 때 분발해 주시기 바랍니다. 김의심 사장님이 다이아몬드가 되면 다음 주자는 바로 여러분이 될 겁니다. 저도 한 달 동안은 저의 모든 것을 다해 김의심 사장님의 다이아몬드 승급을 위해 뛸 겁니다. 다들 오늘부터 한 달간 파이팅입니다."

그날의 벅찬 출정식 이후 한 달이 지났다. 그리고 나는 꿈의 다이아몬드가 되었다.

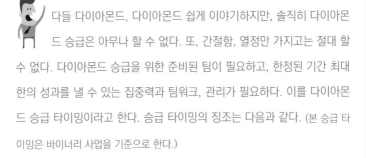

One Point Lesson 54

다이아몬드 승급 타이밍과 승급 전략

다들 다이아몬드, 다이아몬드 쉽게 이야기하지만, 솔직히 다이아몬드 승급은 아무나 할 수 없다. 또, 간절함, 열정만 가지고는 절대 할 수 없다. 다이아몬드 승급을 위한 준비된 팀이 필요하고, 한정된 기간 최대한의 성과를 낼 수 있는 집중력과 팀워크, 관리가 필요하다. 이를 다이아몬드 승급 타이밍이라고 한다. 승급 타이밍의 징조는 다음과 같다. (본 승급 타이밍은 바이너리 사업을 기준으로 한다.)

1) 다이아몬드 직급 바로 전 단계 승급 직후 (보통은 에메랄드 승급 시)
2) 시스템에 참석하는 인원이 내 산하로 20명 이상 넘어갈 때
3) 4주간 2명에서 4명까지 리크루팅할 수 있는 사람이 좌우에 10명 이상이 있을 때

내 산하로 이런 징조가 보이면 다이아몬드 승급 타이밍이 온 것이다. 이 타이밍이 되었을 때 반드시 잡아야 한다. 놓치면 승급 기회가 다시 찾아오기까지 얼마의 시간이 더 걸릴지 모르기 때문이다.

그러면 어떻게 하면 이 승급 타이밍을 활용하여 승급의 대열에 오를 수 있을 것인가? 그 방법은 다음과 같다.

1) 상위 스폰서의 전폭적인 지원을 끌어낸다

상위 스폰서의 전폭적인 지원 없이는 승급할 수 없다. 상위 스폰서들과 다이아몬드 플랜과 레그 전략을 함께 짜야 한다. 아울러 후원 미팅 리소스를 최대한 배분받아야 한다.

2) '좌 : 우=10명 : 10명'의 특공대를 조직한다

보통 4주간 다이아몬드 매출을 만들기 위해서는 좌우에 10명씩 같이 합심해서 뛰어줄 특공대가 필요하다. 각자 적어도 2명에서 4명은 사업자를 리크루팅할 수 있는 사람들과 팀을 조직한다. 당신이 다이아몬드라면 그 아래로 직급자들이 이어지게 된다는 점도 강조해야 한다.

3) 일별 성과를 체크한다

4주라는 시간은 매우 짧은 시간이다. 이 기간에는 매주 목표량을 정하고, 그 목표에 맞추어 성과가 이루어지는지 체크해야 한다. 예를 들어, 4주간 '좌 : 우 = 1.2억 : 1.2억'의 매출을 달성해야 한다면, 매주 '좌 : 우 = 3천 : 3천'의 매출을 반드시 달성해야 한다. 두 주 이상 목표량에 도달하지 못하면 사실상 다이아몬드 승급은 물 건너간 것이다.

4) 신규 사업자의 조기 진성 사업자화

특공대가 뛰어다니면서 새롭게 리크루팅한 신규 사업자는 바로 상위 스폰서와의 런칭 미팅을 하고, 시스템에 빠르게 참여시켜 조기에 진성 사업자로 만들어야 한다. 이들을 통해 한두 명의 신규 사업자가 나올 수만 있다면, 안정적으로 다이아몬드 매출이 나올 수 있다.

——— 제6장 ———

모든
네트워커의 꿈
'다이아몬드'

NETWORK MARKETING

Network Marketing

다이아몬드,
새로운 세상이 열리다

다이아몬드가 누릴 수 있는 것들

그렇게 꿈에 그리던 다이아몬드 승급을 한 첫날이다. 내가 다이아
몬드 직급자라니 정말 믿어지지 않는다. 어젯밤 김유신 스폰서가 다
이아몬드 카톡방으로 나를 초대했다. 회사 다이아몬드 이상 직급자만
참석할 수 있는 비밀의 방이었다.

"여러분, 오늘 제 파트너인 김의심 사장님께서 다이아몬드로 승급
하셨습니다. 격려의 말씀 부탁드립니다."

카톡 방에는 이후 많은 직급자의 축하와 격려 메시지가 정신없이
올라왔다. 저녁때쯤에는 회사 창업주인 회장님에게 전화가 왔다.

"김의심 사장님, 회사 창업주 조오너입니다. 다이아몬드 승급을 진심으로 축하드립니다. 모범적으로 사업을 하시고, 많은 이로부터 칭송받으시던 분이셔서 다이아몬드 승급을 꼭 하실 줄 알고 있었습니다. 진심으로 축하드리고, 앞으로 회사 발전을 위해서 많은 힘을 보태주시기 바랍니다."

회장님의 전화 통화는 20분 가까이 이어졌다. 앞으로 회사의 발전을 위해 노력해 달라는 당부의 말씀이 있었고, 식사에 초대하시겠다는 말씀도 하셨다. 이후에도 스폰서들과 파트너 사장님들의 축하 전화 때문에 식사도 하지 못할 정도였다.

며칠 후 회사에서 집으로 보낸 큼지막한 꽃다발과 함께 다이아몬드 핀이 배달되었다. 회장님의 친필 사인도 함께 동봉되어 있었다. 다이아몬드 핀을 양복 오른쪽 깃에 달고 거울을 보았다. 거울 속 내 모습이 믿을 수 없을 정도로 멋져 보였다.

'김의심! 진짜 내가 해냈구나! 장하다, 김의심……. 장해!'

다이아몬드 핀을 양복 깃에 꽂고 처음으로 회사에 갔다. 많은 사람이 나를 보면서 축하한다는 말을 해주었다. 파트너 사장님들은 내 다이아몬드 핀을 한 번만 꼽아보겠다고 돌아가면서 난리를 피웠다.

"다들 사장님들 덕분에 제가 다이아몬드 핀을 달성했습니다. 모든 것이 고맙습니다. 제가 오늘 삼겹살 쏘겠습니다."

환호와 함께 회식을 시작했다. 1년 동안 함께해 온 정똑순 사장도 이번에 루비로 승급하면서 승급 보너스를 받았다며, 2차는 본인이 쏘겠다고 한다. 한 달 동안 내 다이아몬드 승급을 위해 함께 달려준 모든 동지와 하나 되는 즐거운 시간을 가지며, 그동안 한 번도 누리지 못했던 해방감과 행복을 느낄 수 있었다.

다이아몬드로 승급 2주 후, 아내로부터 전화가 왔다.

"여보! 통장에 천만 원이 한 번에 들어왔네! 이게 뭐야?"

다이아몬드 승급 수당 천만 원이 들어온 것을 보고 아내가 놀라서 전화한 모양이다. 다이아몬드 승급을 하면서 후원 보너스 등 많은 수당이 들어온 것만으로도 들떠 있던 아내가 갑자기 추가로 천만 원이 들어오자 흥분한 마음에 전화한 것이다.

"응, 그게 승급 보너스라는 거야! 이번에 다이아몬드 승급하면서 회사에서 축하금으로 주는 거야! 더블다이아몬드 승급하면 3천만 원도 주고, 크라운까지 가면 몇억도 주는 거야."

"정말 이런 게 가능해? 여보 더 열심히 해서 빨리 크라운 돼라. 한 번에 억대 돈을 손에 좀 만져 보게 말이야!"

"하하하, 처음에 네트워크 마케팅 사업한다고 반대했던 사람이었잖아, 당신!"

"그건 그때고, 지금은 돈이 벌리잖아. 월급으로 받아본 적 없는 큰돈이 말이야. 당신 선택이 옳았어! 더 열심히 해줘! 열심히 응원할게."

처음에는 아내의 반대 때문에 사업을 진행하는 것이 매우 힘들었다. 그런데 이제는 아내가 사업을 더욱 열심히 하라고 격려하는 순간이 왔다는 사실이 신기하기만 했다.

회사에 도착하니 회사 스태프 중 한 명인 유명한 부장이 서류를 내밀었다.

"부장님! 이 서류는 뭔가요?"

"네, 리더님! 다이아몬드로 승급하셨으니 회사에서 제공하는 차량 이용과 관련된 안내 사항과 관련 서류입니다. 다이아몬드로 승급하셨으니 회사에서 제공하는 국산 대형차를 이용하시거나 그 금액을 받으시어 리더께서 원하시는 차를 골라 리스나 렌탈을 하셔도 됩니다."

회사 보상 플랜 중 다이아몬드 이상 직급자에게는 차량 제공이라는 항목이 있었는데, 이를 잊고 있었다. 설마 내가 이 대상자가 되리라고는 생각지도 못했기 때문이다.

"그러면 여기에 있는 차량 중 하나를 고르거나 제가 원하는 차를 직접 선택하면, 그 월 리스비 또는 렌탈비를 지급해준다는 건가요?"

"예! 맞습니다. 직급별로 제공해드리는 월 차량 지원비는 책정되어 있습니다. 다이아몬드 직급자시니까 월 70만 원 지급이 가능하네요! 크라운 이상 직급자의 경우 월 500만 원까지도 지급이 됩니다. 리더분들의 경우 전국을 돌아다니시면서 사업하시니까 차량 지원을 해드리는 것입니다. 리더님께서 원하시는 차가 있으면, 직접 계약하시고 저희가 월별로 제공해 드리는 차량 지원비를 할부 금액으로 내시면 됩니다."

네트워커에게 유난히 슈퍼카가 많은 이유

네트워크 마케팅 사업은 보여주는 것도 중요한 사업이다. 실제로 많은 돈을 벌고 있다는 것을 강조해야 하는 사업이고, 이를 직접 보여줄 수 있는 가장 좋은 수단이 바로 '자동차'이다. 다이아몬드 이상의 많은 직급자가 수입차를 몰고 다니는 이유가 여기에 있다.

여기에 각 회사에서는 일정 직급 이상 달성하는 사람들에게는 '차량 지원비' 명목으로 보상을 제공하는 경우가 많다. 보통 다이아몬드 직급자 이상에게 이 기회가 제공되는데 보통 월 50만 원에서 많게는 100만 원까지 지급된다. 크라운 이상의 직급자에게는 적게는 400만 원에서 많게는 500만 원까지 지급되는 경우도 있다. 보통 직급에 맞는 품위 유지비와 교통비를 지급하는 것으로 생각하면 된다.

벤츠, BMW, 아우디는 물론이고 벤틀리, 페라리, 람보르기니 소유자 중 상당수가 네트워커인 이유는 바로 보여주기 사업이라는 사업적 특성과 차량 지원비 보상이 맞물려 있기 때문이다.

만약 인생에서 고급 수입차를 몰아보겠다는 꿈을 가지고 있는 평범한 사람이라면, 네트워크 마케팅을 통해 다이아몬드 직급의 꿈을 이루어보자. 드림카의 키가 당신에게 빠르게 배달될 것이다.

다이아몬드로서의 공식 스케줄 시작

"김의심 사장님! 다음 달 본사 사업설명회 일자에 사장님이 데뷔하시던데요?"

주주부 스폰서가 회사 스케줄 표를 확인하면서 이야기했다.

"제가요? 회사 공식 사업설명회를 제가 진행한다고요?"

"예! 다이아몬드 직급자는 회사를 대표하는 리더입니다. 그러니 정식 사업설명회에 서는 것이 당연하지요! 김의심이라는 사람을 회사 사업자분들께 알릴 좋은 기회입니다. 많이 연습해주세요! 필요하시면 제가 도움을 드릴게요."

회사에서 진행하는 공식 사업설명회에는 백 명이 넘는 사업자들과 예비 사업자들이 참석하는 것이 보통이었다. 그 사람들 앞에서 내가 사업설명회를 한다고?

"생각만 해도 다리가 후들거리는데요? 큰일입니다."

"영광스러운 자리입니다. 잘 해내실 거예요. 기대하고 있을게요! 파트너 사장님들에게도 스케줄을 알려주고 많이 참여해달라고 해주세요. 사장님 파트너들이 자신의 다이아몬드가 많은 사람 앞에서 사업설명회를 하는 것을 보면서 '쉽'을 받기 때문입니다. 이것도 숫자 싸움입니다. 초대 많이 해 주세요!"

사업설명회 당일, 200명 가까운 눈이 나를 바라보고 있었다. 연습했던 사업 설명 대본이 하나도 생각나지 않았다. 머릿속은 하얘지고, 다리에서는 경련이 일어나기 시작했다. 이대로 무대에서 내려가고 싶다는 마음만 들 때 갑자기 뒤편에서 함성이 들려왔다.

"우윳빛깔 김의심! 파이팅!!"

사업설명회 당일 50여 명의 파트너가 참석해 사업설명회 공식 데뷔 무대를 채워준 것이다. '우리는 당신을 의심하지 않고 사랑합니다.'라는 문구의 플래카드까지 만들어와서 흔들고 있었다. 순간 눈물이 핑 돌았다. 내가 무대에서 떨까 봐 나를 응원하기 위해서 사업설명회에 참석해준 것도 고마운데 플래카드까지……. 갑자기 온몸에서 에너지가 뿜어져 나왔다.

"안녕하세요! 뉴 다이아몬드 김의심입니다. 반갑습니다. 먼저 저희 파트너분들이 장내 소란을 피워 죄송합니다. 제가 공식 사업설명회는 처음인지라 많이 떨 것 같았는지 걱정되어서 저렇게 소란을 피워주네요! 여러분, 진심으로 사랑합니다."

부족한 점이 많았지만, 중간중간 흐름이 끊어질 때마다 파트너들이 힘내라고 소란을 피워준 덕분에 1시간 동안 진행된 사업설명회는 무리 없이 끝마칠 수 있었다. 뒤에서 지켜보던 백직설 스폰서가 다가와서 공식 데뷔전을 축하해 주었다.

"사장님! 강의를 잘하던데요? 조금만 더 익숙해지시면 스타가 되실 것 같습니다."

"과찬의 말씀입니다. 아직 멀었어요! 많은 가르침을 주세요!"

"하여간 겸손 덩어리세요! 참, 사장님 해외여행을 가는 것도 준비하셔야죠?"

"해외여행이요? 아, 프로모션에서 해외여행 가는 것 말씀이시지요? 저는 대상자가 아닌데요?"

"무슨 말씀이세요? 사장님은 이번에 다이아몬드 직급 달성하셨잖아요! 이번 프로모션 목표 달성자뿐만 아니라 다이아몬드 승급자도 여행 프로모션에 포함된답니다. 여권 제출 준비하셔야 해요!"

이번에 진행된 여행 프로모션은 목표 매출을 달성하면 발리 여행을 보내주는 프로모션이었다. 아쉽게도 목표 매출에 미달해서 포기하고 있었는데, 다이아몬드 승급자에게는 여행 기회가 주어진다는 말을 들으니 무척 행복했다.

"네트워크 마케팅 회사의 여행 프로모션은 5성급 호텔과 최고의 음식이 제공되는 럭셔리 여행입니다. 아마 기존 패키지 해외여행을 생각하신다면 가서서 깜짝 놀라실 겁니다. 기대하세요!"

"정말 다이아몬드가 되니 신나는 일들만 생기는군요! 이래서 다이아몬드, 다이아몬드 하나 봅니다."

저녁 시간에는 다이아몬드 리더 회의가 회사 주최로 개최되었다. 한 달에 두 번 다이아몬드 직급자만 모여 회사의 중대 사안을 논의하는 시간으로, 회사가 돌아가고 있는 상황부터 곧 출시될 제품 등 회사의 핵심 내용을 가장 빠르게 전달받을 수 있는 시간이었다. 마치 회사의 임원이 된 듯한 기분이 들었다.

회의가 끝나고 저녁 식사 자리가 마련되었다. 투플러스 등급의 소고기를 먹을 수 있는 식당이었는데, 마음껏 고기를 시켜서 먹으며 다른 직급자들과 사업 이야기를 나눌 수 있었다. 집으로 돌아오면서 평범한 직장인이었다면 누리지 못할 이 호사스러운 생활에 행복감을 느꼈다.

다음 날, 김승리 로열 크라운 산하 다이아몬드들이 따로 모여 4주

후에 열리는 1박 2일 세미나, 그룹 소개 책자 등에 대해서 의견을 나누는 시간이 있었다. 멀리 제주도에서 올라오신 분부터 얼마전 비슷한 시기에 다이아몬드가 된 초보 사장님까지 몇 시간 동안 열띤 토론이 진행되었다.

'아, 우리가 평소 참여만 했던 시스템이라는 것이 수많은 직급자가 모여 이런 노력 끝에 만들어낸 결과물이었구나.'

그 사실을 알고 나니 회사와 시스템에 대한 믿음과 신뢰, 고마움이 동시에 생겨났다.

다이아몬드는
또 다른 시작이다

산하 다이아몬드 직급자를 키우자

얼마 전 루비 직급을 달성한 정똑순 사장이 차 한잔하자고 해서 회사 앞 커피숍에서 만났다.

"스폰서님! 이번에 스폰서님 다이아몬드 승급하시는 것 보면서 저도 다이아몬드 직급자가 되겠다는 목표를 세웠습니다. 앞으로 3개월 내로 꼭 승급하겠습니다. 좀 도와주세요!"

정똑순의 갑작스러운 폭탄 발언에 당황스러웠지만, 그녀의 눈빛은 이미 다이아몬드 직급자 이상의 열정과 패기로 가득하였다.

"어어, 물론이지. 스폰서님들이랑 상의해서 꼭 만들어보자."

회사로 돌아와 백 스폰서, 주 스폰서와 함께 정똑순 사장 건과 관련해서 상의를 시작했다.

"이제 사장님도 후원을 받는 입장에서 본격적으로 후원을 하는 입장이 되신 겁니다. 축하합니다. 본격적으로 다이아몬드 세계로 입문하신 거네요! 저희도 정똑순 사장님을 집중 케어할게요!"

One Point Lesson 56

산하에 또 다른 다이아몬드를 키우자

 네트워크 마케팅 사업에서 다이아몬드 직급은 꽃이라고 할 정도로 중요한 포지션이다. 하지만 더욱 중요한 사실은 다이아몬드가 네트워크 마케팅 사업의 최종 목표는 아니라는 것이다. 실제로 많은 다이아몬드가 다이아몬드 승급 이후부터 슬럼프를 겪는다. 목표를 이루고 나니 목표 상실 증후군에 걸리는 것이다.

다이아몬드 직급 달성 이후부터는 산하로 다이아몬드를 2조 이상 키우는 데 집중해야 한다. 그래야지 안정적인 직급 유지가 될 뿐만 아니라, 다음 직급인 더블다이아몬드, 트리플다이아몬드로 승급할 수 있는 포석이 마련되기 때문이다.

네트워크 마케팅 사업에서 최종 목표는 월 1억 이상 소득의 최고 직급인 로열 크라운이 되는 것이다. 이를 위해서는 산하에 적어도 10명 이상의 다이아몬드 사업자가 필요하다.

이 책을 읽는 왕초보 네트워커라면, 1차 목표 다이아몬드에 초점을 맞추되, 최종 목표인 로열 크라운 승급까지 도전해보자.

"김의심 다이아몬드 사장님! 손 좀 한번 잡아봅시다."

회사의 베트남 진출 건으로 한 달간 출장을 다녀온 김유신 스폰서가 한국에 돌아왔다.

"그동안 고생이 많으셨지요? 회사의 베트남 진출 건은 잘될 것 같으십니까?"

"반응이 매우 좋습니다. 지금부터 차근차근 준비해가면 내년 중반 이후부터는 대한민국 산하로 베트남 사업자들이 대거 들어올 것으로 생각됩니다. 그건 그렇고 다이아몬드가 되니 어떠세요? 세상이 달라 보이던가요?"

"완전히 신세계입니다. 공식 사업설명회에 데뷔에 두둑한 통장, 거기에 해외여행 기회까지 정말 행복할 따름입니다. 이번 해외여행에는 일부 경비만 지불하면 아내도 같이 갈 수 있다고 해서 신청했습니다. 직장 다니면서 제대로 해외여행도 못 갔는데, 이번 기회에 그동안 못 해주었던 것 다 해주려고 합니다."

한푼 두푼 아끼고 아껴 살림살이를 해왔던 아내를 위해 이번 해외여행을 부부동반 자격으로 바꾸었다. 여행 프로그램을 보여주니 아이처럼 뛸 듯이 기뻐하는 그녀를 보면서 네트워크 마케팅 사업을 시작한 것에 대해서 또 다른 보람을 느꼈다. 18세 이하는 여행 동참이 어렵다고 해서 장모님에게는 두둑한 용돈을 드리고 아이를 부탁했다. 100만 원 단위의 용돈을 처음 드렸던지라 장모님이 깜짝 놀라셨다.

"그래요! 네트워크 마케팅 사업에서 성공자에게는 정말 많은 혜택이 제공됩니다. 모두 누리십시오. 다만 이제부터는 그 혜택에 부합하는 무거운 책임도 동반한다는 것을 잊지 마세요!"

"책임이라 하면 무엇을 말씀하시는지요?"

"사장님 산하에 수십, 수백 명의 식구가 딸려 있다는 것을 이야기하는 것입니다. 이들도 사장님과 같은 다이아몬드 직급자 대열에 빠른 시간 안에 합류할 수 있도록 적극적으로 도와야 해요! 사장님 산하로 다이아몬드 직급자를 배출해야만 사장님도 크라운 대열에 올라갈 수 있습니다. 월 1억 이상의 소득을 받는 크라운에 말이지요!"

"월 1억 소득의 크라운이요? 가당치도 않습니다."

왕초보 네트워커에서 다이아몬드까지 승급한 것도 꿈만 같은데, 월 1억 소득의 크라운이라니, 아직 한 번도 꿈꾸어보지 못한 또 다른 세계였다.

"다이아몬드 직급자도 되었는데 왜 크라운은 못 됩니까? 다이아몬드 직급은 또 다른 시작입니다. 네트워크 마케팅 세계에 뛰어들었으면 크라운 직급까지는 승급해야죠! 우리 크게 꿈을 가지자고요!"

"아, 알겠습니다. 아직은 뭐가 뭔지 잘 모르겠지만……. 크라운 직급까지 올라가려면 지금처럼 사업을 진행하면 될까요?"

"물론 기본은 같지만, 지금부터는 조직 사업으로 모드가 변경됩니다. 다이아몬드 직급까지는 중소기업을 키우는 과정이라고 생각한다면, 크라운 직급부터는 대기업을 키우는 것과 같은 것입니다. 경영기법, 조직 관리, 리더십 등 더 많은 능력치가 필요하죠! 저도 아직은 크라운 직급까지 가보지 못했기 때문에 경험하면서 하나하나 김 사장님께 복제해 드릴게요. 우리 함께 다음 단계인 크라운까지 가보자고요! 월 1억 연봉 크라운을 향해서 말입니다!"

"네! 김유신 스폰서님과 함께라면 저도 힘내보겠습니다. 끝날 때까지 끝난 게 아니라고들 하지요. 목표를 위해 계속 달려나가겠습니다!"

에필로그

"김 사장님. 왜 이렇게 늦으셨어요?"

"죄송합니다. 어제부터 긴장해서 그런지 잠을 제대로 못 잤어요. 새벽녘에 잠이 들었다가 늦잠을 잤습니다."

"하하하, 이해합니다. 긴장이 많이 되죠? 서둘러 메이크업을 받으세요. 오늘 입을 턱시도는 탈의실에 이미 와 있습니다."

"네! 아, 이런 것이 결혼할 때 이후 처음이라서……."

다이아몬드 승급 후 2개월이 되었다. 오늘은 기다리고 기다리던 회사의 컨벤션이 열리는 날이다. 내 다이아몬드 직급 승급식이 열리는 날이기도 하다. 아침부터 김유신 스폰서의 도움으로 메이크업과 헤어, 거기에 턱시도까지 입고 나니 오늘 행사가 실감 나기 시작했다.

"김 사장님, 턱시도를 입으니 정말 멋진데요? 그동안 저희 제품으로 다이어트도 하시고, 화장품을 잘 사용하셔서 얼굴에 빛도 나시니 장가를 새로 가져도 될 정도입니다. 사장님을 보고 누가 40대 후반이라고 하겠어요?"

"헉, 이분이 40대 후반이라고요? 많아 봤자 30대 후반인 줄 알았습니다."

메이크업을 해주시던 아티스트가 최강 동안이라면서 놀리기 시작했다. 전성기 미모를 경신하고 있는 나! 막상 보는 앞에서의 칭찬은 매우 쑥스러웠다.

"오늘은 사장님을 위한 날입니다. 마음껏 즐기세요. 멋진 스피치도 부탁하고요."

"예, 알겠습니다. 주 스폰서님. 그래도 떨리네요. 여보? 준비는 다 되었어?"

"응, 결혼하고 나서 처음 입는 드레스라 그런지 영 어색해. 그래도 신나는 이 기분은 뭐지?"

부부 사업자로 등록된 아내도 오늘 컨벤션 무대에 같이 올라가게 되었다. 헤어에 풀 메이크업, 드레스까지 입고 나니 아내가 더 신나는 모양이다.

"당신 1년간 고생했어! 덕분에 나도 이 멋진 무대에 올라가네! 사랑해요, 여보!"

모든 준비를 마치고 주차장으로 나왔다. 그곳에는 5일 전 도착한 내 드림카 포르쉐가 서 있었다. 비록 2년 된 중고차이긴 하지만, 직장 생활을 할 때는 꿈도 못 꾸었던 드림카가 지금은 내 손에 생겼다. 지난달부터 차량 지원비가 나오면서, 아내가 똥차부터 바꾸자며 뽑아주었다. 포르쉐에 턱시도, 그리고 멋진 헤어스타일까지…….

불과 1년 전 배 나온 40대 후반 아저씨, 명퇴 대상자로서 자괴감에 빠져 있던 나의 모습은 1년이라는 시간 동안 완전히 바뀌어 있었다.

'그래, 이게 진정 사는 거구나. 네트워크 마케팅 사업을 시작하길 정말 잘했어. 이제 내 인생은 꽃길만 걷게 될 거야. 고맙다, 네트워크 마케팅!!'

부록

NETWORK MARKETING

Network Marketing

이 책은 바이너리 근간의 회사 사업자들에게 가장 적합한 성공 가이드를 제시하기 위한 목표로 만들어졌다. 바이너리 보상 플랜 사업을 하면 바이너리 레그 표에 가장 익숙해져야 한다. 항상 레그 상에 누가 들어와 있는지, 누가 앵커인지를 구분하고 현재 상황을 지속적으로 체크하는 것이 바로 이 레그표 하나로 다 이루어진다.

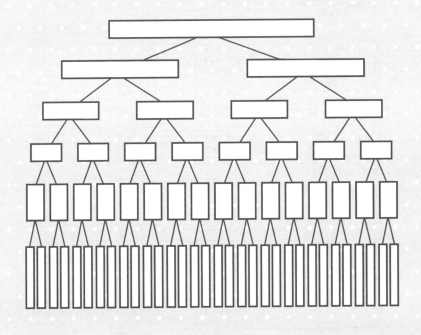

부록 2. 2017년 네트워크 마케팅 업체 순위 100

공정거래위원회에서는 1년에 한 번씩 네트워크 마케팅 매출 순위를 발표한다. 매출 총액은 물론, 전년도와 비교해서 매출액이 증가하고 있는지도 공개한다. 왕초보 네트워커라면 반드시 이 표를 살펴보고 회사를 선정하는 것이 좋다. 매출액이 크면 회사의 안정성은 있으나 선점의 혜택은 어렵고, 신규 업체의 경우 선점의 혜택은 크나 안정성이 떨어짐을 명심해야 한다.

	회 사 명	2017년	2016년	증 감
1	한국암웨이(주)	1,279,043,965,861	1,237,401,326,502	41,642,639,359
2	애터미㈜	901,619,007,810	778,478,959,585	123,140,048,225
3	뉴스킨코리아(주)	451,862,368,845	531,788,823,801	(79,926,454,956)
4	유니시티코리아(유)	261,056,382,268	316,136,196,836	(55,079,814,568)
5	한국허벌라이프(주)	192,524,363,848	257,344,516,129	(64,820,152,281)
6	시크릿다이렉트코리아(주)	154,153,845,230	116,170,337,404	37,983,507,826
7	(주)봄코리아	83,604,791,612	130,380,731,419	(46,775,939,807)
8	(유)쩨나테크코리아	82,266,855,581	77,036,308,405	5,230,547,176
9	(주)카리스	72,240,964,300	72,969,039,490	(728,075,190)
10	에이씨앤코리아(유)	71,282,777,898	100,652,990,694	(29,370,212,796)
11	(주)굿모닝월드	69,345,971,900	69,257,111,600	88,860,300
12	유사나헬스사이언스코리아(유)	69,182,124,421	54,935,540,904	14,246,583,517
13	시너지헬드와이드코리아(주)	65,651,476,285	74,848,240,733	(9,196,764,448)
14	(주)아프로존	59,890,743,866	77,808,441,363	(17,917,697,497)
15	(주)앤알커뮤니케이션	55,696,789,475	57,200,553,303	(1,503,763,828)
16	해피런㈜	53,534,204,362	46,348,184,755	7,186,019,607
17	(주)하이리빙	51,125,346,083	50,895,226,069	230,120,014
18	멜라루카인터내셔날코리아(주)	50,592,825,011	64,162,154,506	(13,569,329,495)
19	(주)이애부	48,932,522,620	65,796,777,603	(16,864,254,983)
20	지쿱㈜	48,267,707,578	31,954,830,000	16,312,877,578
21	(유)포라이프리서치코리아	47,010,859,632	45,715,088,057	1,295,771,575
22	(주)제이퓰	45,781,224,616	78,360,782,324	(32,579,557,708)
23	앤트웰(주)	38,399,451,379	36,561,659,417	1,837,791,962
24	후안코리아㈜	37,540,239,066	39,244,551,856	(1,704,312,790)
25	(주)쩸마코리아	36,272,048,218	7,303,755,483	28,968,292,735
26	(주)에이필드	33,969,576,660	13,707,865,280	20,261,711,380
27	엔티에이치인터내셔널㈜	31,579,303,989	34,590,315,092	(3,011,011,103)
28	(주)씨엔커뮤니케이션	31,331,061,563	29,507,152,723	1,823,908,840
29	(주)프리즘인터내셔널	30,626,659,550	27,952,238,550	2,674,421,000
30	메리케이코리아(유)	29,131,636,312	48,617,399,107	(19,485,762,795)
31	더휴앤컴퍼니(주)	27,303,187,656	27,233,334,819	69,852,837
32	(주)투에버	27,286,948,647	23,858,256,731	3,428,691,916
33	㈜엔젝타	24,126,603,513	11,981,288,519	12,145,314,994
34	토탈스위스코리아(주)	23,434,450,500	640,327,500	22,794,123,000
35	카이니코리아(주)	22,069,503,988	28,289,675,216	(6,220,171,228)
36	(주)제이눙글로벌	21,764,254,346	21,415,117,877	349,136,469
37	(주)쏠핵	18,961,164,308	2017년 신규	2017년 신규
38	도테라코리아(유)	17,579,402,256	13,979,666,917	3,599,735,339
39	(주)홍은효소	17,544,537,000	12,811,372,000	4,733,165,000
40	(주)파이진글로벌	17,170,093,300	9,650,970,280	7,519,123,020
41	(주)지브유어코리아	16,685,469,994	18,039,832,625	(1,354,362,631)
42	(주)아이원	15,486,405,135	25,710,409,124	(10,224,003,989)
43	주네스글로벌코리아(유)	15,295,695,960	24,704,705,150	(9,409,009,190)
44	(주)란탄코리아	15,048,961,915	30,285,640,487	(15,236,678,572)
45	(주)지에스엘제약	12,442,023,987	12,421,859,288	20,164,699

46	(주)미젤	12,297,278,469	23,921,113,097	(11,623,834,628)
47	(주)제이알씨코리아	11,631,582,101	12,133,827,298	(502,245,197)
48	네리움인터내셔널코리아(유)	10,888,927,362	33,158,933,559	(22,270,006,197)
49	(주)아미쿄젠퍼시픽	10,487,926,996	8,448,214,793	2,039,712,203
50	(주)세추럴헬스코리아	10,022,350,800	12,742,445,060	(2,720,094,260)
51	(주)셀링크코리아	9,293,020,430	758,848,540	8,534,171,890
52	위나라이트코리아㈜	9,202,477,100	6,233,401,000	2,969,076,100
53	(주)다온스토리	7,873,795,870	6,563,106,406	1,310,689,464
54	엘라이프(주)	7,511,552,402	8,131,292,184	(619,739,782)
55	(주)혜베니케	7,414,048,307	2,318,155,397	5,095,892,910
56	(주)큐사이언스코리아	7,260,448,500	5,371,479,725	1,888,968,775
57	(주)카나이코리아	7,090,535,772	7,187,377,846	(96,842,074)
58	고려한백㈜	6,885,627,220	7,560,884,339	(675,257,119)
59	㈜채이은	6,868,226,775	5,437,601,368	1,430,625,407
60	㈜신나라	6,252,270,400	5,494,029,600	758,240,800
61	지자인터내셔널코리아㈜	6,170,035,677	7,821,592,881	(1,651,557,204)
62	(주)프리마인	5,915,953,702	2017년 신규	2017년 신규
63	애탁스코리아㈜	5,820,427,424	5,128,074,580	692,352,844
64	와인코리아㈜	5,702,393,130	1,981,061,190	3,721,331,940
65	(주)그린피아코스메틱	5,610,178,770	5,733,090,200	(122,911,430)
66	(주)쿄디라이프	5,472,999,100	5,734,183,200	(261,184,100)
67	(주)교원더오름	5,373,826,099	2017년 신규	2017년 신규
68	㈜셀레스트코리아	5,084,237,782	9,285,156,710	(4,200,918,928)
69	㈜더리코	4,691,059,200	2017년 신규	2017년 신규
70	(주)웅진휠리에뜨	4,444,612,000	5,649,405,275	(1,204,793,275)
71	㈜후카스앤에스	4,424,967,182	3,961,357,396	463,609,786
72	한국링리치국제(주)	4,157,059,250	8,983,468,854	(4,826,409,604)
73	뉴키㈜	3,321,380,087	1,674,298,004	1,647,082,083
74	카이젠사이언스㈜	3,265,919,550	1,845,820,700	1,420,098,850
75	제이엘글로벌코리아(K주)	2,965,596,800	4,619,490,648	(1,653,893,848)
76	(주)뉴세리티코리아	2,961,967,600	6,774,566,900	(3,812,599,300)
77	에이스제이엘(주)	2,860,245,840	3,603,749,500	(743,503,660)
78	㈜메디소스	2,705,416,990	200,800,500	2,504,616,490
79	(주)쿄타피	2,701,933,058	2017년 신규	2017년 신규
80	네츄러리플러스코리아(주)	2,503,314,120	4,646,307,000	(2,142,992,880)
81	(주)비바글로리	2,474,297,500	300,797,550	2,173,499,950
82	㈜스템텍코리아	2,432,415,833	3,754,129,160	(1,321,713,327)
83	한국모린다(유)	2,266,682,886	1,841,503,215	425,179,671
84	㈜예원비에이치에이	2,113,537,600	540,854,000	1,572,683,600
85	㈜에니작크	1,927,684,000	600,882,000	1,326,802,000
86	㈜메디어스코리아	1,851,407,065	1,578,065,479	273,341,586
87	㈜미슬앤라이프	1,780,127,920	2,433,877,600	(653,749,680)
88	㈜빅스카이글로벌	1,610,854,638	2017년 신규	2017년 신규
89	(주)파낙셀티알씨	1,485,445,712	2,378,455,616	(893,009,904)
90	포에버코리아(K유)	1,401,575,668	1,616,924,756	(215,349,088)
91	㈜위즈코스메틱	1,378,539,000	2017년 신규	2017년 신규
92	(주)퍼률유	1,303,513,250	2017년 신규	2017년 신규
93	에코글로벌(주)	1,218,672,879	368,623,274	850,049,605
94	(주)야이시냥스	1,213,872,900	880,970,000	332,902,900
95	케니히코리아(주)	1,034,224,587	275,717,500	758,507,087
96	(주)컨슈머월드	1,030,053,540	494,717,900	535,335,640
97	(주)이앤플러스	973,866,704	3,494,427,947	(2,520,561,243)
98	㈜프리먼스	934,232,711	-	934,232,711
99	㈜마이아	909,583,000	797,289,000	112,294,000
100	㈜ 더워커스	749,136,750	1,911,778,300	(1,162,641,550)

참고문헌

로버트 기요사키, 『부자 아빠 가난한 아빠』, 민음인, 2001
버크 헤지스, 『파이프라인 우화』, 나라, 2003
한승휘, 『리크루팅 혁명』, 2017